Johann-Günther König

Anschluss verpasst!

Johann-Günther König

Anschluss verpasst!

Die Krise der deutschen Bahn

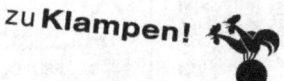

zu Klampen Verlag BbR
Röse 21
31832 Springe
info@zuklampen.de

© 2024 zu Klampen Verlag · Röse 21 · 31832 Springe · zuklampen.de

Umschlaggestaltung: Stefan Hilden · München · hildendesign.de
unter Verwendung mehrerer Motive von shutterstock.com
Satz: Germano Wallmann · Gronau · geisterwort.de
Lektorat: Clemens Wlokas · Springe
Druck: CPI – Clausen & Bosse · Birkstr. 10, 25917 Leck · cpidirect.cpi-print.de

ISBN Print 978-3-98737-022-9
ISBN E-Book-PDF 978-3-98737-426-5
ISBN E-Book-Epub 978-3-98737-425-8

Bibliografische Information der Deutschen Nationalbibliothek
Die Deutsche Nationalbibliothek verzeichnet diese Publikation
in der Deutschen Nationalbibliografie; detaillierte bibliografische Daten
sind im Internet über ‹ http://dnb.dnb.de › abrufbar.

Die automatisierte Analyse des Werkes, um daraus Informationen
insbesondere über Muster, Trends und Korrelationen gemäß
§ 44b UrhG (»Text- und Data-Mining«) zu gewinnen, ist untersagt.

Für die mich so anschlusssicher beratenden Freunde
Clemens Wlokas und Volker Stuhldreher

Inhalt

Schienenersatzplan (Einleitung)	9
Mehr Fortschritt wagen …	14
Betriebsablauf für Leidenswillige	18
Bahnreform aus dem Gleis	21
EU im Gleis	28
Anschlusszüge nicht erreicht	33
Überlastete Schienen	40
Verunfallte Sicherheit	46
Bahn- oder Wahnhof?	49
Reines Desaster: Stuttgart 21	52
Bequemlichkeiten ade	55
Alles aus dem Deutschlandtakt	60
Streiks machen Bahn-Sinn	67
Verfahrene Deutsche Bahn AG	70
DB InfraGO to go?	79
Trasse und Traktion trennen?	82
Völlig abgefahren – der SPNV	87
Deutschland im Ticket	95
Ihre nächsten Busfahrmöglichkeiten	98
Zukunft unter rollendem Rad	102
Anmerkungen/Nachweise	109
Literaturhinweise	123

Schienenersatzplan

»Mir ist nicht bange«, sagte Johann Wolfgang von Goethe 1828, »daß Deutschland nicht eins werde; unsere guten Chausseen und künftigen Eisenbahnen werden schon das ihrige tun.«[1] Seit der Vereinigung der beiden deutschen Nachkriegsstaaten und der sogenannten Bahnreform von 1994 tun und lassen die Eisenbahnen hierzulande zwar alles Mögliche, nur zum »eins werden« mit dem Land, mit Europa und den Fahrgästen tragen sie kaum bei.

Die 200 Jahre zurückliegenden Gespräche Goethes mit Eckermann datierten noch vor dem Beginn des öffentlichen deutschen Schienenpersonenverkehrs am 7. Dezember 1835. Aufgrund des seitdem enormen technischen und elektronischen Fortschritts sollten wir längst über eine durchgängig elektrifizierte und die bundesdeutschen Landschaften sinnvoll erschließende Eisenbahn verfügen, die mit optimal aufeinander abgestimmten Fahrplänen und einer übersichtlichen wie preiswerten Tarifgestaltung aufwartet. Und die selbstverständlich gut ausgestattete und mit anderen Verkehrsmitteln erreichbare Bahnhöfe zu bieten hat – wohlgemerkt allerorten mit hilfsbereitem und freundlichem Personal. Doch davon kann wirklich keine Rede sein.

Seit 1835 gab es im deutschen Schienenverkehr einige größere Zäsuren. Zuerst die Etablierung einer einheitlichen Staatsbahn nach dem Ersten Weltkrieg, dann der Betrieb zweier Staatsbahnen nach der deutschen Teilung 1949, ab Mitte der 1960er Jahre der große Bedeutungsverlust der Eisenbahn durch die Massenmotorisierung, 1994 die Verschmelzung von Deutscher Bundesbahn und Deutscher Reichsbahn zur Deutschen Bahn AG und 1996 die Übertragung des Schienenpersonennahverkehrs in die Obhut der Bundesländer und die Öffnung des deutschen Eisenbahnnetzes für nichtbundeseigene Eisenbahnunternehmen.

Der ab der Bahnreform 1994 sogenannte deutsche *Eisenbahn-Markt* – was für ein begrifflicher Irrsinn – erweist sich als ein Spielfeld privater und staatlich kontrollierter Unternehmen und Holdinggesellschaften, die den Prinzipien Wachstum, Konkurrenz und Gewinnmaximierung huldigen. Die Deutsche Bahn AG (DB AG) ist auf den Schienen der Bundesrepublik keine einheitliche Staatsbahn mehr, sondern einerseits ein Eisenbahnverkehrsunternehmen unter vielen und andererseits ein Eisenbahninfrastrukturunternehmen mit Alleinstellungsmerkmal, das für die technischen Voraussetzungen und das Schienennetz zuständig ist. Dem Bundesfinanzministerium zufolge handelt es sich bei ihr um ein privatrechtlich organisiertes Staatsunternehmen.[2]

»Der Zug steht schon wieder! Keine Ahnung, warum! Auf eins kannst du dich verlassen! Nämlich, dass du dich auf die Bahn nicht verlassen kannst! Scheißdeutschebahn!« So kommentiert im 2019 erschienenen Roman *Fliegen* von Albrecht Selge die Bahncard-100-Heldin das alltägliche Geschehen.[3] Wer *Bahn* sagt, muss in Deutschland leider allzu häufig zusätzlich auch *Anschluss verpasst!* fluchen. Da wirken Durchsagen wie »Reisende, die sportlich unterwegs sind und nicht zu viel Gepäck haben, sollten den Anschlusszug noch erreichen«, fast schon tröstlich. Die 1994 in die Verkehrswelt geschobene Deutsche Bahn AG konnte 2024 im dreißigsten Jahr ihres Bestehens nicht gerade mit Leistungen prahlen, die zum Feiern Anlass geben. Ihr Schienennetz ist so marode wie sonst nirgendwo in der EU, im Schienenpersonenfernverkehr kommen mehr als ein Drittel der Züge zu spät und in den veröffentlichten Bilanzen für 2023 spiegelten sich Verluste in Höhe von 2,4 Milliarden Euro bei einem aufgelaufenen Schuldenstand von imposanten 34 Milliarden Euro.[4] Was Wunder, dass viele Bahnfahrgäste und nicht minder viele Beschäftigte der Deutschen Bahn nichts wirklich Gutes über den mehr schlecht als recht laufenden Betrieb zu sagen haben.

Ganz zu schweigen von der Fußballeuropameisterschaft im Sommer 2024, die aus Sicht der UEFA »eine grüne EM, sehr umweltfreundlich, […] eine nachhaltige EM« sein sollte. Damit die Mobilität der Fans und Teams klimaschonend gewährleistet sein würde, betätigte sich die Deutsche Bahn AG als offizieller Sponsor der UEFA und ließ es an Selbstlob für den Einsatz beim »grünen Turnier« nicht mangeln.[5] Sie stellte täglich Sonderzüge bereit und verkaufte den Inhabern von EM-Eintrittskarten für Fahrten innerhalb Deutschlands Tickets zum Preis von 30 Euro in der 2. Klasse und 40 Euro für die 1. Klasse – Verspätungen und Zugausfälle inklusive.[6] Als die deutsche Mannschaft von Blankenhain mit dem Zug nach Herzogenaurach fuhr, kam sie mit 17 Minuten Verspätung dort an. Sieben Nationalmannschaften reisten – nicht wie die meisten – mit dem Bus, sondern mit der Bahn zu den jeweiligen Spielorten, wofür es im UEFA-Sponsoringvertrag mit der DB spezifische Vereinbarungen gab.

Nachdem der in Südengland häufig mit Bahnproblemen konfrontierte Journalist Miguel Delaney seine ersten Erfahrungen auf deutschen

Schienen gesammelt hatte, kommentierte er das mit den Worten: »Es ist noch schlimmer als bei uns – und ich hätte nicht gedacht, dass ich das je sagen würde.«[7] Was Wunder, dass die *Süddeutsche Zeitung* prompt titelte: »Angstgegner Deutsche Bahn«.[8] Die Deutsche Bahn räumte die Defizite im Fernverkehr während der Fußballeuropameisterschaft durchaus ein. »Wir verstehen den Unmut und die Kritik von Fans«, kommentierte der Fernverkehrschef Michael Peterson das Geschehen: »Die Bahn bietet aktuell nicht die Qualität, die alle verdient hätten.«[9]

Das im Titel aufscheinende Wort *Krise* geht auf den griechischen Begriff *krísis* zurück und bedeutet »Scheidung« oder »Notlage«, die zu einer Entscheidung drängt. Eine Krise zwingt die von ihr Ergriffenen und Betroffenen, Stellung zu beziehen und zu handeln, ganz gleich, ob zu deren Lösung oder zum Untergang in ihr. In diesem Sinne wurde das Wort von Medizinern aufgegriffen und als Fachbegriff für die entscheidende Zuspitzung im Krankheitsverlauf eingeführt – den die Gesundung einleitenden steilen Abfall des Fiebers oder den nicht mehr abwendbaren Übergang ins Siechtum oder den Tod. Dieses Buch betrachtet die *Krise der deutschen Bahn*, weil durchaus nicht auszuschließen ist, dass ihr seit dem Millennium immer stärker wahrnehmbares Siechtum in einen Dauerzustand übergeht. Gegenwärtig jedenfalls hat das 200 Jahre lang existierende Schienenverkehrsmittel ein zentrales Merkmal seiner Funktion eingebüßt: die Zuverlässigkeit.

Mit der *deutschen Bahn* sind in diesem Buch alle Eisenbahnverkehrsunternehmen gemeint, die auf den Schienen hierzulande ihre Züge rauschen, halten, sich verspäten und ausfallen lassen. In den Blick kommt dabei überwiegend die Deutsche Bahn AG, die schon aufgrund ihrer noch fast absoluten Dominanz im Schienenpersonenfernverkehr (SPFV) und der noch vielen Linienverbünde im Schienenpersonennahverkehr (SPNV) sowie der von ihr betriebenen Infrastruktur ein Thema für sich ist. Bemerkenswerterweise spielt der Schienenpersonennahverkehr die entscheidende Rolle im deutschen Eisenbahnsektor, denn ihn nutzen 95 Prozent aller Bahnfahrenden, während der Fernverkehr nur einen Anteil von 5 Prozent hat. Auch die von den Fahrgästen zurückgelegte Entfernung ist im SPNV mit knapp 60 Prozent der Personenkilometer höher.[10]

Im Sommer 2024 hat die neu formatierte Konzernsparte DB InfraGO AG die Ertüchtigung der verschlissenen deutschen Eisenbahninfrastruktur aufgenommen. Die in schönster Werbesprache formulierte Mission der neuen und auf dem Papier als »gemeinwohlorientiert«

bezeichneten Infrastrukturgesellschaft lautet: »Gemeinsam und aus einer Hand ein leistungsfähiges Schienennetz und attraktive Bahnhöfe zu schaffen, die auf ganzer Linie begeistern.«[11] Abwarten, den DB Navigator und andere Mobilitätsplattformen im Blick behalten ...

Bis 2030 will die DB InfraGO AG insgesamt vierzig als Hochleistungskorridore eingestufte Strecken mit einer Gesamtlänge von mehr als 4000 Kilometern generalsanieren, die dafür der Planung zufolge jeweils fünf oder noch mehr Monate voll gesperrt sein werden. Mindestens bis zum Beginn des dritten Jahrzehnts – aufgrund üblicher Verzögerungen wahrscheinlich viel länger – kommt auf Berufspendelnde und Bahnreisende hierzulande eine gewiss nicht kleine Herausforderung zu: die der persönlichen Krisenbewältigung. Schließlich müssen die Züge des Fern- und Güterverkehrs während der Vollsperrungen teils lange Umleitungen fahren und werden sicherlich weiterhin Verspätungen sammeln. »Anschluss verpasst!«, dürfte es dann gewiss nicht selten für die Reisenden im Fernverkehr heißen, während die Leute im Regionalverkehr grundsätzlich den Anschluss an eine Bahn verpassen, weil sie mit Bussen des Schienenersatzverkehrs vorliebnehmen müssen und Nerven nicht zuletzt in Staus auf den Straßen verlieren werden.

Die Eisenbahn, das versteht sich gleichsam von selbst, ist seit ihrem Infahrtkommen im frühen 19. Jahrhundert ein unersetzliches Verkehrsmittel. Inzwischen, denke ich, ist sie schlicht das Beste, was uns für längere Fahrten zur Verfügung steht. Und da immer mehr Menschen in Deutschland aus Klima- und Umweltschutzgründen die Verlagerung von möglichst viel Verkehr von der Straße und im Luftraum auf die Schiene befürworten, lautet die entscheidende Frage: Werden die EU-Kommission und die Regierungspolitik alles in ihrer Macht Stehende dafür tun, den Anteil des Bahnverkehrs gegenüber dem schädlichen Auto-, Lastwagen- und Flugverkehr möglichst rasch und erheblich zu steigern? Werden Bund und Länder den deutschen Schienenverkehr nach Maßgabe des Gemeinwohls und mit ausreichender finanzieller Ausstattung wieder Anschluss an die Zukunft finden lassen? Und wie soll politisch mit dem verfahrenen bundeseigenen Konzern Deutsche Bahn AG gerade auch mit Blick auf den »Green Deal« der EU, von dem einige Elemente schon wieder abgeschwächt werden, und den »Klimaschutzplan 2050« der Bundesregierung weiter verfahren werden? Schließlich ist es das Ziel beider Vorhaben, allein bis zum Jahr 2030 mindestens 55 Prozent weniger Treibhausgase als 1990 zu emittieren.[12]

In den folgenden Kapiteln versuche ich in vielerlei Hinsicht zu erhellen, wie es gegenwärtig um den grundsätzlich klimafreundlichen

Verkehrsträger deutsche Bahn bestellt ist, welche Verbesserungen bis wann und wie in Aussicht gestellt sind, und wie es um die Chancen für die tatsächliche Erfüllung der kommunizierten Zukunftspläne für den Schienenpersonenverkehr steht. Wobei der kritische Blick auf die von den Mitgliedstaaten teils zwingend übernommenen Regelungen der EU schon deshalb nicht blind bleiben soll, weil das immer ausgefeiltere »Europäische Eisenbahnrecht« die rechtlichen Gestaltungsmöglichkeiten der einzelnen Nationalstaaten inzwischen fast völlig ausgebremst hat.

Hilfreich waren für mich die Informationen und Studien engagierter Lobbyorganisationen, darunter das Netzwerk *Bahn für Alle*; das Bündnis *Bürgerbahn – Denkfabrik für eine starke Schiene*; der *Fahrgastverband Pro Bahn*; der Verein *mobifair e. V.*; die *Allianz pro Schiene*; der *Bundesverband SchienenNahverkehr (BSN)*; der *Verband der Bahnindustrie in Deutschland (VDB)* und der *Verband Deutscher Verkehrsunternehmen (VDV)*. – Im Eurocity (EC) erfolgt gerade die Durchsage:

Wir müssen noch etwas warten. Der Bahnhof in Basel scheint nicht auf einen pünktlichen deutschen Zug vorbereitet zu sein.

Mehr Fortschritt wagen ...

Ende des Jahres 2021 versprach die neu gewählte Bundesregierung aus SPD, Bündnis 90/Die Grünen und FDP engagierte und zukunftsgerechte Pläne für den Schienenverkehr in den deutschen Landen. Jedenfalls wollte die Ampel bei der deutschen Bahn einiges deutlich besser machen als diverse Vorgängerregierungen. Im Koalitionsvertrag 2021–2025 mit dem Titel: *Mehr Fortschritt wagen – Bündnis für Freiheit, Gerechtigkeit und Nachhaltigkeit* lauten die großen Versprechen:

> Wir wollen die 2020er Jahre zu einem Aufbruch in der Mobilitätspolitik nutzen und eine nachhaltige, effiziente, barrierefreie, intelligente, innovative und für alle bezahlbare Mobilität ermöglichen. [...] Die erforderlichen Entscheidungen zur Erreichung unserer Klimaschutzziele für 2030 und 2045 mit dem Ziel der Dekarbonisierung des Mobilitätsbereiches werden wir treffen und die praktische Umsetzung deutlich beschleunigen. Mobilität ist für uns ein zentraler Baustein der Daseinsvorsorge, Voraussetzung für gleichwertige Lebensverhältnisse und die Wettbewerbsfähigkeit des Wirtschafts- und Logistikstandorts Deutschland mit zukunftsfesten Arbeitsplätzen. Dafür werden wir Infrastruktur ausbauen und modernisieren sowie Rahmenbedingungen für vielfältige Mobilitätsangebote in Stadt und Land weiterentwickeln. [...] Dabei wollen wir erheblich mehr in die Schiene als in die Straße investieren, um prioritär Projekte eines Deutschlandtaktes umzusetzen. [...]
> Wir werden auf Basis neuer Kriterien einen neuen Bundesverkehrswege- und -mobilitätsplan 2040 auf den Weg bringen. [...] Wir werden den Masterplan Schienenverkehr weiterentwickeln und zügiger umsetzen, den Schienengüterverkehr bis 2030 auf 25 Prozent steigern und die Verkehrsleistung im Personenverkehr verdoppeln. Den Zielfahrplan eines Deutschlandtaktes und die Infrastrukturkapazität werden wir auf diese Ziele ausrichten. Sofern haushalterisch machbar, soll die Nutzung der Schiene günstiger werden, um die Wettbewerbsfähigkeit der Bahnen zu stärken. Wir werden mehr Oberzentren an den Fernverkehr anbinden. Wir werden die Umsetzung eines Deutschlandtaktes infrastrukturell, finanziell, organisatorisch, eisenbahnrechtlich und europarechts-

konform absichern. Grenzüberschreitenden Verkehr wollen wir stärken und mit der EU sowie ihren Mitgliedstaaten Nachtzugangebote aufbauen. Bis 2030 wollen wir 75 Prozent des Schienennetzes elektrifizieren und innovative Antriebstechnologien unterstützen. Die Digitalisierung von Fahrzeugen und Strecken werden wir prioritär vorantreiben. Wir werden ein Programm »Schnelle Kapazitätserweiterung« auflegen, Barrierefreiheit und Lärmschutz verbessern, Bahnhofsprogramme bündeln und stärken, das Streckennetz erweitern, Strecken reaktivieren und Stilllegungen vermeiden und eine Beschleunigungskommission Schiene einsetzen. [...] Bei neuen Gewerbe- und Industriegebieten soll die Schienenanbindung verpflichtend geprüft werden. [...]
Wir werden die Deutsche Bahn AG als integrierten Konzern inklusive des konzerninternen Arbeitsmarktes im öffentlichen Eigentum erhalten. Die internen Strukturen werden wir effizienter und transparenter gestalten. Die Infrastruktureinheiten (DB Netz, DB Station und Service) der Deutschen Bahn AG werden innerhalb des Konzerns zu einer neuen, gemeinwohlorientierten Infrastruktursparte zusammengelegt. [...] Gewinne aus dem Betrieb der Infrastruktur verbleiben zukünftig in der neuen Infrastruktureinheit. Die Eisenbahnverkehrsunternehmen werden markt- und gewinnorientiert im Wettbewerb weitergeführt.
Wir wollen die Investitionsmittel für die DB Infrastruktur erhöhen. Wir wollen Länder und Kommunen in die Lage versetzen, Attraktivität und Kapazitäten des ÖPNV zu verbessern. Ziel ist, die Fahrgastzahlen des öffentlichen Verkehrs deutlich zu steigern.[13]

Punkt. Das Wollen der Koalitionspartner in allen Ehren. Einen spür- und sichtbar großen Aufbruch der deutschen Bahn sollte jedoch niemand erwarten, der die neue Finanzlage im Blick hat. Obwohl die Regierung mit einem Investitionsbedarf der Deutschen Bahn von 88 Milliarden Euro bis 2027 rechnet (Mehrkosten durch Inflation kämen hinzu), den sie zunächst auch mit Geldern aus dem Klima- und Transformationsfonds auszustatten gedachte, entstanden 2023 nach dem Haushaltsurteil des Bundesverfassungsgerichts Milliardenlöcher, die nicht so ohne Weiteres gestopft werden können.[14]

So sind für die Jahre 2024 und 2025 zwar alle Baumaßnahmen finanziell abgesichert, bis 2027 fehlen jedoch noch zig Milliarden Euro, um alle geplanten Sanierungen ausführen zu können.[15]

Die von der Ampel versprochene Streckennetzerweiterung bleibt vorerst ebenso auf der Strecke wie die angestrebte weitere Elektrifizierung und Digitalisierung. Zudem wird die Digitalisierung der Bahninfrastruktur mehr als doppelt so teuer wie 2018 angenommen. Einer Studie für das Bundesverkehrsministerium zufolge dürfte das Vorhaben statt 28 Milliarden Euro mindestens 69 Milliarden Euro kosten. Laut internen Unterlagen der DB InfraGO AG fehlen allein für die von 2025 bis 2030 geplanten Digitalisierungsvorhaben gut 17 Milliarden Euro – die Projekte seien »derzeit unterfinanziert und somit nicht umsetzbar«, hieß es im Sommer 2024.[16]

Bleibt zu hoffen, dass das geplante Moderne-Schiene-Gesetz, das u. a. die synchrone Ausstattung von Schiene und Fahrzeugen mit dem europäischen Zugsicherungssystem ETCS vorsieht, tatsächlich finalisiert wird. Zweifellos muss der Digitalisierungs- und Elektrifizierungsprozess im deutschen Eisenbahnnetz ganz erheblich beschleunigt werden. Ob die regierungspolitisch dafür als notwendig erachteten gesetzlichen und regulatorischen Änderungen dazu beitragen werden, das Schienennetz bis 2040 vollständig digitalisiert und elektrifiziert zu haben, bleibt abzuwarten.[17]

Im Netzzustandsbericht der DB – Stand 2023 – wird der »altersbasierte Nachholbedarf« bei der deutschen Bahninfrastruktur übrigens auf 103,4 Milliarden Euro beziffert, etwas mehr als die Hälfte davon allein für die Brückensanierung.[18] Fragt sich nur, woher das notwendige Geld dafür kommen soll.

Da die Ampelregierung an dem noch unter dem Vorgängerkabinett mit Bundesverkehrsminister Andreas Scheuer (CSU) erstellten *Masterplan Schienenverkehr*[19] festhält, müssten sich die Fahrgastzahlen bis zum Beginn des dritten Dezenniums verdoppeln und die Züge viel zahlreicher und pünktlicher als bisher verkehren. Das allerdings scheint unrealistisch. Für den geplanten neuen *Bundesverkehrswege- und -mobilitätsplan 2040* gab es im Frühjahr 2024 noch nicht einmal eine erste Prioritätenliste. Dieses zentrale Planungsinstrument der Bundesregierung für die Verkehrspolitik trägt in der geltenden Fassung – Stand 2016! – den Titel *Bundesverkehrswegeplan 2030*. O-Ton des damaligen Ministers: »Mit dem Bundesverkehrswegeplan 2030 bleiben wir das Mobilitätsland Nr. 1 – und schaffen so die Voraussetzungen für das Wachstum, den Wohlstand und die Arbeit von morgen.«[20]

Immerhin wurde eine *Beschleunigungskommission Schiene* eingesetzt, die im Dezember 2022 ihren Abschlussbericht mit umfangreichen Empfehlungen vorgelegt hat.[21] Bei diesen Vorüberlegungen ist es aber geblieben. Selbst der von der Kommission empfohlene mehrjährige Eisenbahnfonds zur Herstellung der notwendigen Finanzierungssicherheit blieb ignoriert. Wie angekündigt wurden lediglich die beiden Infrastruktureinheiten DB Netz AG und DB Station & Service AG zum 1. Januar 2024 in die »gemeinwohlorientierte Infrastrukturgesellschaft« DB InfraGO AG überführt. Gemeinwohlorientiert klingt auf den ersten Blick vielversprechend. Wie das in der Realität aussieht, wird weiter unten noch zu beleuchten sein.

Wenn nicht alles täuscht, hat die rot-gelb-grüne Koalition mit der Maxime *Fortschritt wagen* eigentlich nur verklausuliert ausgedrückt, dass sie die Probleme zwar benennt, aber es zugleich wagt, von ihnen wegzuschreiten, sich quasi von ihnen zu entfernen. Zu der von ihr verkündeten erheblichen Verbesserung des Schienenverkehrs in Deutschland wird es bis 2030 jedenfalls nicht kommen und der immer wieder beschworene Deutschlandtakt dürfte weiterhin eine Utopie bleiben. Ausdrücklich erhalten bleibt der Ampel zufolge hingegen das unter der EU-Kommission und den Vorgängerregierungen liberalisierte und privatisierte deutsche Eisenbahngeflecht: »Die Eisenbahnverkehrsunternehmen werden markt- und gewinnorientiert im Wettbewerb weitergeführt.« Inwieweit der hierzulande gesetzlich geregelte und praktizierte Wettbewerb unter den zahlreichen Nahverkehrs- und wenigen Fernverkehrs-Bahnunternehmen auf dem deutschen Schienennetz tatsächlich sinnvoll erscheint und in die Zukunft weist, ist eine Frage, die einer Erörterung bedarf. Ach übrigens:

Werte Fahrgäste, die Weiterfahrt unseres Zuges verzögert sich aus unbekannten Gründen!

Betriebsablauf für Leidenswillige

Mit Blick auf Erderhitzung und Klimakrise ist die Eisenbahn das umweltfreundlichste und effizienteste Massenverkehrsmittel auf Erden, zumal, wenn sie auf einem dichten Schienennetz zuverlässig verkehrt und über komfortable Personenwagen mit größeren Gepäck- und Fahrradabteilen sowie Bistro- und Schlafwagen verfügt. Die Eisenbahn in einer klimaneutralen Zukunft sollte sauber, pünktlich und fair bepreist sein sowie mit ausreichendem und hilfsbereitem Personal aufwarten – barrierefreie und mit allen erforderlichen Annehmlichkeiten ausgestattete Bahnstationen inbegriffen.

Gegenwärtig fährt hierzulande jede zweite Person gelegentlich oder – als Pendlerin oder Pendler – sehr häufig mit der S- und Regionalbahn, dem EC, IC oder ICE. Allerdings nur, wenn die Züge überhaupt unterwegs sind. In deutschen Landen reicht heutzutage ja – anders als etwa in Nachbarländern wie der Schweiz – bereits starker Sturm oder anhaltender Schneefall, um den Schienenpersonennah- und Schienenpersonenfernverkehr tagelang in den Stillstand zu versetzen. Die Eisenbahnen in Deutschland bringen seit Längerem selbstverständliche Leistungen einfach nicht zustande, worüber auch die darüber verfassten erheiternden Bücher nur kurzzeitig hinwegtrösten können.[22]

Verzögerungen im Betriebsablauf sind heutzutage keine Ausnahme, sondern Normalität. Tagein, tagaus beklagen Bahnfahrende die notorischen Verspätungen, die häufigen Zugausfälle wegen ausgefallener Stellwerke und fehlenden Personals im Führerstand, die chronischen technischen Störungen wie »streikende« Loks, nicht öffnende Türen, versagende Toiletten-, Klima- und Lichtanlagen, defekte Reservierungsanzeigen, die oftmals fehlenden, geschlossenen oder unzureichend bestückten Bistro- und Speisewagen, die häufig viel zu vollen Züge, die sibyllinischen Verlautbarungen von Verantwortlichen, die Trostlosigkeit der Bahnhöfe jenseits der Großstädte und und und ... Wer in diesen Tagen eine längere Strecke mit dem Deutschlandticket in Regionalzügen oder regulär im IC oder ICE zurücklegen möchte, sollte sich jedenfalls sicherheitshalber mit Trink- und Essbarem bevorratet haben.

»Oh Gott, ich fahre wieder Zug!«, schreibt mir ein Freund. Er wohnt in der Region Hannover und will einen Termin in Rostock wahrnehmen.

Sein Bericht beginnt mit der Szene: »In aller Herrgottsfrühe bin ich zu Fuß zum Bahnhof geeilt, nachdem ein Taxi nicht zu ordern war und der Bus bisweilen unzuverlässig verkehrt. Schließlich komme ich etwas angeschwitzt, aber acht Minuten vor der regulären Abfahrt dort an. Schließlich hatte die Bahn-App zu Hause keinerlei Verspätungen auf dem Schirm und keinen entsprechenden Alarm ausgelöst.«

Nun wird das mustergültig pünktliche Erscheinen auf deutschen Bahnhöfen seit vielen Jahren von den sehnsüchtig erwarteten Zügen bekanntlich nicht gerade gewürdigt. Mein Freund fährt – sozusagen von der Bahn ausgebremst – fort:

»Auf dem Bahnhof steht verdächtigerweise schon neben der Abfahrtszeit auf hellem Grund eine andere Zeit: quasi plus eine Viertelstunde. Da fahren erst ein Regionalexpress und dann noch ein ICE durch. Ganz ungewohnt. Und von anderen Wartenden heißt es, die App spreche von *Unbefugten im Gleis*. Plötzlich springt die Ankunftszeit schon auf plus achtzehn Minuten. Das nun hätte meinen Anschluss in Hannover arg gefährdet. Schließlich bleibt es aber doch bei einer Viertelstunde Verzug. Ganz schön stressiger Start in so einen Reisetag!

In Hannover bin ich flugs zum Umsteigegleis gespurtet, was sich indes als übereilt herausstellen sollte. Auch dort ist eine Verspätung angezeigt, wegen *Baustelle*: *Wir bitten um Entschuldigung*. Diesen Spruch kann ich wegen inflationärer Tendenzen kaum mehr verknusen, geschweige denn ertragen. Im ICE folgt prompt die nächste Überraschung: Die Sitzplatzreservierung sei ausgefallen, werde ich aufgeklärt, denn an jedem Platz steht *GGF. RESERVIERT*. Da traue ich mich erst gar nicht, irgendwo Platz zu nehmen. Ohne Reservierung, versteht sich. Immerhin steht zu befürchten, den Zug in Hamburg wegen Überfüllung womöglich verlassen zu müssen. Weil: *GGF. RESERVIERT* ja bedeuten könnte, dass alle Plätze vorbestellt und daher freizuhalten sind. Sozusagen russisches Roulette.

Letztendlich Entwarnung: In Hamburg stellt sich heraus, dass der ICE fast leer durch Mecklenburg rattern würde, nachdem fast alle Leute ausgestiegen sind und den Großraumrevieren nur wenig Nachschub vergönnt ist.

Zuvor hatte ich auf eine Ansage hin fast einen Lachausbruch, weil das Englisch des Bordpersonals fast wie echtes Cockney klingt. Sie sagen jetzt auch nicht mehr: *Thank you for travelling with Deutsche Bahn AG*, das verkneifen sie sich offenbar, sondern: *Thank you for choosing Deutsche Bahn AG*. Ist das nicht ein absoluter Kalauer? Wo ich doch gar keine Wahlmöglichkeit habe. Derzeit rausche ich endlich problemlos Rostock und der Ostsee entgegen. Zwar hat der Zug schon zwanzig Minuten Verspätung, aber das wird überhaupt nicht groß erwähnt, geschweige denn hervorgehoben. Und mit ausländischen Gästen wird offensichtlich nicht mehr gerechnet. Eine Übersetzung ins DB-Englisch entfällt jedenfalls ersatzlos. Möglicherweise hat die ungemein freundliche Zugbegleiterin in dieser Hinsicht keine Fortbildung genossen.«[23]

Die Verspätungen auf Deutschlands Schienen sind ein Thema für sich. Und zwar schon deshalb, weil sie quasi gesetzlich geregelt sind. Ich komme darauf zurück. Ob Bahnhöfe und Anschlusszüge zu spät oder gar nicht erreicht werden, darüber können Reisende gewiss nicht nur ein Lied singen. Meines klingt so:

An einem kalten Tag im Januar war der EC abends so voll, dass viele Leute stehen mussten. Nach halber Fahrstrecke gibt es auf einem Bahnhof die überraschende Durchsage: *Verlassen Sie bitte umgehend alle den Zug, wir können nicht weiterfahren.* Während ein im Gang stehender Reisender stöhnt: »Bei denen piept es wohl!«, greife ich meine Tasche und verlasse meinen reservierten Sitzplatz in der Hoffnung, ihn kurz darauf wieder einnehmen zu können. Als endlich alle ausgestiegen sind, stehe ich mit sämtlichen Glücklosen auf einem zwar überdachten, aber zugig kalten Bahnsteig und starre verzweifelt und vor Kälte bibbernd auf die Bahnhofsuhr.

Als deren großer Zeiger sich dreißigmal bewegt hat, ertönt endlich eine Stimme mit der Ansage, die Verspätung dauere etwa 45 Minuten, *Grund dafür* seien Tiere auf der Strecke. Zeitgleich öffnet ein Mitarbeiter der Deutschen Bahn die Zugtüren und ruft, es könne wieder eingestiegen werden. Als ich mich auf meinem Platz halbwegs beruhigt ein weiteres Mal niederlasse, verrinnt erneut die Zeit und verrinnt und verrinnt, bevor eine neuerliche Ansage alle regelrecht aufschreckt: *Bitte steigen Sie alle wieder aus. Dieser Zug fährt heute nirgendwo mehr hin. Es gibt eine Störung am Steuerwagen. Ein Ersatzzug wird bereitgestellt.* Ach ja, als ich statt um 23.05 um 2.28 Uhr endlich meinen Heimatbahnhof erreiche, kommentiert mein Sitznachbar das Geschehen mit den Worten: »So was mache ich nicht noch mal mit. Ab jetzt fahre ich wieder Auto.«

Die Deutsche Bahn, so hat mir eine Mitarbeiterin erläutert, schule die Teams für das Verhalten in Störfällen und achte darauf, dass den Kunden in solchen Fällen rasch umfassend Auskunft gegeben werde. Nun ja! Es klingt so, als hörte ich gerade die Ansage:

Der Grund für die Verspätung ist die Bahnreform.

Bahnreform aus dem Gleis

Bei der deutschen Wiedervereinigung wurde 1990 guter Rat teuer: Was tun mit der Deutschen Reichs- und der Bundesbahn? Erstere wies ein zu lange auf Verschleiß gefahrenes rollendes Material sowie eine völlig veraltete und erneuerungsbedürftige Infrastruktur auf, und Letztere kam in vielen Bereichen ebenfalls in keinem guten Zustand mehr daher. Als eine Regierungskommission im Dezember 1991 ihr Eisenbahn-Reformkonzept vorlegte, platzten gleichsam die Wünsche vieler Eisenbahner, mit der Wiederetablierung einer deutschen Staatsbahn Anschluss an das 21. Jahrhundert zu finden. Zum Hintergrund:

Im Juli 1991 war die zuvor gleichsam im Zuge neoliberaler Politik auch unter (west)deutscher Mitwirkung vorbereitete Richtlinie der EWG (heute: EU) zur Entwicklung der Eisenbahnunternehmen der Gemeinschaft in Kraft getreten, die nicht nur in Deutschland eine gravierende Umstrukturierung des Bahnsektors nach sich zog. Sie statuierte: »Damit der Eisenbahnverkehr leistungsfähig und im Vergleich zu den anderen Verkehrsträgern wettbewerbsfähig wird, müssen die Mitgliedstaaten sicherstellen, dass die Eisenbahnunternehmen den Status eines unabhängigen Betreibers erhalten und sich infolgedessen eigenwirtschaftlich nach Maßgabe der Erfordernisse des Marktes verhalten können.«[24] (Eigenwirtschaftlich sind Verkehrsleistungen, deren Aufwand durch Beförderungserlöse und Ausgleichsleistungen auf der Grundlage von diversen EU-Vorschriften gedeckt wird.)

Ende 1993 beschlossen Bundestag und Bundesrat das Gesetz zur Neuordnung des Eisenbahnwesens (ENeuOG), das den Vorgaben aus Brüssel entsprach. Fast alle (97 Prozent) Bundestagsabgeordneten stimmten damals dem Gesetz in der Erwartung zu, dass die Eisenbahnen in Deutschland künftig bei nur geringen Subventionen des Staates mehr Menschen von der Straße auf die Schiene holen, einschließlich einer besseren Qualität und einer wettbewerbsbedingt »freien Preisbildung«. Das im neuen »Wettbewerbsmarkt« (!) erfolgende Befahren der Strecken nach »unternehmerischem Nutzenkalkül« inbegriffen.[25]

Im Zuge dieser sogenannten Bahnreform ging am 1. Januar 1994 aus der Deutschen Reichsbahn im Osten und der Deutschen Bundesbahn im Westen die privatrechtlich organisierte Deutsche Bahn

Aktiengesellschaft hervor. Sie sollte als eines von vielen Unternehmen im Markt agieren und übernahm zugleich die von der Europäischen Kommission verlangte »rechnerische Trennung« von Trasse und Traktion, also Fahrweg und Transport. Eine wahrnehmbare öffentliche Debatte über die Abschaffung der einheitlichen deutschen Staatsbahn blieb damals aus.[26] Wie hieß es nicht gleich: »Durch die Strukturreform wird die Bahn gezwungen, ihr Geld im Wettbewerb am Markt und nicht im Parlament zu verdienen.«[27]

Der Bund blieb alleiniger Eigentümer des Konzerns DB AG, während die Gesellschaft Bundeseisenbahnvermögen (BEV) die damals rund 110.000 Bahnbeamten und außerdem die Schulden von Reichs- und Bundesbahn in Höhe von rund 34 Milliarden Euro übernahm. Bemerkenswerterweise steht dieses Ausmaß an Verschuldung bei der Deutschen Bahn AG nach dreißig Jahren erneut in den Büchern. Mit der Aktiengesellschaft Deutsche Bahn ist 1994 ein so ungewöhnliches wie problematisches Unternehmen entstanden. Zusammen mit den Konzerntöchtern fungiert es als »Eisenbahnen des Bundes« und somit als eine durch das Grundgesetz legitimierte wirtschaftliche Betätigung der öffentlichen Hand. Die Unternehmensanteile gehören nach wie vor vollständig der Bundesrepublik, weil die vom Bundestag am 30. Mai 2008 beschlossene »Teilprivatisierung« platzte: Der eigentlich für den 27. Oktober jenes Jahres angesetzte Börsengang der DB Mobility Logistics AG[28] hatte wegen der Finanz- und Bankenkrise keine Aussicht auf Erfolg. So musste der angestrebte Verkauf von 24,9 Prozent der Unternehmensaktien kurzfristig abgesagt werden.

Ob die als »führender Anbieter im Bereich Mobilität und Logistik«[29] sich preisende Deutsche Bahn AG für immer und ewig zu 100 Prozent im Bundesbesitz verbleibt, ist schon aufgrund der Haushaltsprobleme und vage gehaltener politischer Aussagen der tonangebenden Parteien unwahrscheinlich. Die Gefahr einer vollständigen Übertragung der Anteile auf private Kapitalgeber besteht durch den Schienenwegevorbehalt im Grundgesetzartikel 87e unter Absatz 3 übrigens nicht. Darin ist festgelegt, dass die Aktienmehrheit an Eisenbahninfrastrukturunternehmen – heute in der Tochter DB InfraGO AG gebündelt – im Eigentum des Bundes verbleiben muss: »Eisenbahnen des Bundes [...] stehen im Eigentum des Bundes, soweit die Tätigkeit des Wirtschaftsunternehmens den Bau, die Unterhaltung und das Betreiben von Schienenwegen umfasst. Die Veräußerung von Anteilen des Bundes an den Unternehmen [...] erfolgt auf Grund eines Gesetzes; die Mehrheit der Anteile an diesen Unternehmen verbleibt beim Bund. Das Nähere wird durch Bundesgesetz geregelt.«[30]

Durch die sogenannte Bahnreform von 1994 unterliegt die Aktiengesellschaft Deutsche Bahn oder »Eisenbahn des Bundes« keiner klassischen Gemeinwohlverpflichtung mehr, da ihr die vormalige Staatsaufgabe zur Erfüllung überlassen wurde. Im Grundgesetz heißt es im 1993 hinzugefügten Artikel 87e, Absatz 3, unmissverständlich: »Eisenbahnen des Bundes werden als Wirtschaftsunternehmen in privatrechtlicher Form geführt.« Und das heißt zugleich, dass sie als gewinn- und wettbewerbsorientierte Unternehmen mit kaufmännischer Führung zu agieren haben. Kurz, Eisenbahnverkehrsdienstleistungen sind für den Bund keine Staatsaufgabe mehr, sondern sind als marktgängiges Gut den sogenannten freien Marktkräften überlassen.[31] Immerhin regelt Absatz 4 des Grundgesetzartikels 87e, welche Aufgaben der Staat wahrzunehmen hat: »Der Bund gewährleistet, dass dem Wohl der Allgemeinheit, insbesondere den Verkehrsbedürfnissen, beim Ausbau und Erhalt des Schienennetzes der Eisenbahnen des Bundes sowie bei deren Verkehrsangeboten auf diesem Schienennetz, soweit diese nicht den Schienenpersonennahverkehr betreffen, Rechnung getragen wird. Das Nähere wird durch Bundesgesetz geregelt.«[32] Aber was heißt »Rechnung tragen« konkret?

Offenbar hat der Bund zwar die Pflicht, eine Grundversorgung mit einem funktionstüchtigen Schienennetz sicherzustellen, die unabhängig davon besteht, ob es sich um Fern- oder Nahverkehrsnetze handelt. Forderungen nach einem flächendeckenden Schienenwegeausbau muss der Staat aber nicht erfüllen, er muss nicht einmal den Erhalt des Status quo garantieren. Nun sorgt der im Grundgesetz festgeschriebene Schienenwegevorbehalt dafür, dass die Infrastrukturunternehmen immer mehrheitlich »Eisenbahnen des Bundes« bleiben. Zudem, so vermerkt der Wissenschaftliche Dienst des Bundestages, »sind die Länder bei der Planung ausreichender Nahverkehrsangebote aufgrund der Verantwortung des Bundes für das Schienennetz der bundeseigenen Eisenbahnen von diesem abhängig. Diese Abhängigkeit besteht insbesondere dann, wenn der nötige Ausbau von Schienenwegen unterbleiben sollte oder Schienenwege stillgelegt werden.«[33]

Dass die Länder einen Anspruch auf Erfüllung ihrer Verkehrsbedürfnisse gegen den Bund haben, wird in der Literatur grundsätzlich nicht bezweifelt; im Übrigen erfolgt die Gewährleistungsverantwortung des Bundes durch die regelmäßige Fortschreibung des Bundesschienenwegeausbaugesetzes (BSWAG) und seiner Anlage, dem detaillierten Bedarfsplan für die Bundesschienenwege.[34] Durch die im Sommer 2024 erfolgte Novelle des BSWAG darf der Bund, statt wie bis dahin ausschließlich Neubaumaßnahmen, auch die Instandhaltung und Sanierung der Infrastruktur mitfinanzieren.[35] In welchen Größenordnungen das künftig geschieht, bleibt abzuwarten. Aber was hat es mit dem von den Bundesländern verantworteten Schienenpersonennahverkehr, dem SPNV, auf sich?

Mit der durch die sogenannte Bahnreform vollzogenen Öffnung des deutschen Netzes für andere Eisenbahnunternehmen ging die Verantwortung für den Schienenpersonennahverkehr auf die Bundesländer über. Damit zerriss zugleich das von der fusionierten Deutschen Reichs- und Bundesbahn zunächst noch praktizierte einheitliche System von Nah- und Fernverkehr. Zu Beginn des Jahres 1996 nahm die politisch verordnete Regionalisierung des Schienenpersonennahverkehrs in den deutschen Landen Fahrt auf. Das war schon deshalb möglich, weil das Grundgesetz um den Artikel 106a erweitert worden war, der einen Anteil der Länder am Steueraufkommen des Bundes verfassungsrechtlich festschreibt. Im Klartext: »Den Ländern steht ab 1. Januar 1996 für den öffentlichen Personennahverkehr ein Betrag aus dem Steueraufkommen des Bundes zu. Das Nähere regelt ein Bundesgesetz, das der Zustimmung des Bundesrates bedarf.«[36]

Seit 1996 sind die Bundesländer für den Schienenpersonennahverkehr zuständig, für den öffentlichen straßengebundenen Personennahverkehr (ÖSPV) hingegen in der Regel die Kommunen (Landkreise und Städte). Sie werden als Aufgabenträger bezeichnet. Die Bundesländer erhalten vom Bund sogenannte Regionalisierungsmittel oder Ausgleichszahlungen. Die mit den Eisenbahnunternehmen ausgehandelten Verkehrsverträge haben eine Laufzeit von zumeist acht bis fünfzehn Jahren. Gegenwärtig existieren in Deutschland 27 Aufgabenträgerorganisationen des SPNV. Zum Beispiel die Landesnahverkehrsgesellschaft Niedersachsen mbH, die Bayerische Eisenbahngesellschaft mbH und der Verband Region Stuttgart. Allein in Sachsen mit seinen nur vier Millionen Einwohnern gibt es fünf – eine davon ist der Zweckverband für den Nahverkehrsraum Leipzig.[37] Sie kooperieren mit den Eisenbahn- und anderen örtlichen Verkehrsunternehmen, um Fahrpläne und Serviceangebote zu gestalten und Tarife zu vereinheitlichen. Die Aufgabenträgerorganisationen, die jeweils aus einem vielköpfig aufgestellten Management und Personalbestand bestehen, verschlingen große Summen an Geld.

Durch die sogenannte Bahnreform sind Verhältnisse entstanden, die vor einem Jahrhundert mit der Etablierung der Deutschen Reichseisenbahn als Staatsbahn 1920 und der 1924 gegründeten Deutschen Reichsbahn-Gesellschaft zu einem einzigen Staatsunternehmen endlich überwunden schienen. (Nach Artikel 89 der Weimarer

Reichsverfassung hatte das Deutsche Reich die Aufgabe, die »dem allgemeinen Verkehre« dienenden Eisenbahnen in sein Eigentum zu übernehmen und als einheitliche Verkehrsanstalt zu verwalten.)[38] Seit 1996 fahren im SPNV der Länder nun die Regionalzüge und S-Bahnen der DB Regio AG sowie diverser anderer Eisenbahnunternehmen mehr oder weniger zuverlässig und pünktlich hin und her. Sozusagen völlig losgelöst vom Schienenpersonenfernverkehr (SPFV), denn der ist eigenständig organisiert. 2022 waren der Bundesnetzagentur zufolge sage und schreibe 119 öffentliche Eisenbahnverkehrsunternehmen (die von jedermann zur Personen- oder Güterbeförderung genutzt werden können) am Schienenpersonennahverkehr in den Bundesländern beteiligt.[39]

Um die ausgeschriebenen Verkehrsleistungen der Aufgabenträger der Länder, die zwischen den Bundesländern so gut wie gar nicht abgestimmt sind, konkurrieren neben der Deutschen Bahn die Tochtergesellschaften ausländischer Staatsbahnen, Bahnunternehmen von Ländern und Kommunen sowie gänzlich private Unternehmen. Allerdings zeigte sich in den vergangenen Jahren, dass Linien und »Wettbewerbsnetze« des Regionalverkehrs bei Ausschreibungen offenbar von »Wettbewerbern gewonnen« worden waren, die wegen zu optimistischer Kalkulationen nach einiger Zeit in die Insolvenz und in andere zusätzliche Steuergelder verschlingende Schwierigkeiten gerieten. Wenn Unternehmen nach verlustreichen Jahren die Brocken hinschmeißen, haben die Aufgabenträger für ein Notprogramm und Ersatz im Zugangebot zu sorgen.

Heutzutage existiert in jedem Bundesland und in diversen Regionen unterhalb des von der Deutschen Bahn dominierten Schienenpersonenfernverkehrs ein eigenständiges Bahnsystem mit ganz unterschiedlichen und nicht kuppelbaren Triebfahrzeugtypen. Kaum zufällig beklagt der Bahnkritiker Arno Luik angesichts des entstandenen Fahrzeugzoos und der vielen voneinander abweichenden Tarife die »unzeitgemäße Mini-Vielstaaterei« und pointiert: »Es ist, als gäbe es in Deutschland wieder Dutzende von Währungen. Ein unglaublicher Wirrwarr.«[40] Immerhin sorgt seit 2023 das Deutschlandticket dafür, dass Nutzerinnen und Nutzer des öffentlichen Regional- (SPNV) und Nahverkehrs (ÖPNV) sich bundesweit nicht mit den jeweils gesonderten Tarifzonen, Fahrpreisen und der häufig umständlichen Fahrkartenbeschaffung vertraut machen müssen.

Drei Jahrzehnte sind inzwischen seit der Bahnreform vergangen. Angesichts der schier unglaublichen Missstände und heftigen Störungen auf den sanierungsbedürftigen deutschen Schienen muss der

Befund lauten: Komplett entgleist. Weder der vielbeschworene Wettbewerb im Schienenpersonennahverkehr mit zahlreichen vermeintlich privaten Eisenbahnverkehrsunternehmen, noch die rein betriebswirtschaftliche und teils grotesk bahnfremde Ausrichtung der DB AG sowie deren Umgang mit Infrastruktur und Schienennetz haben seit 1994 das deutsche Eisenbahnsystem auch nur einen Schritt vorangebracht. Ganz im Gegenteil. Die vielen aus Börsengangserwägungen und Kostengründen stillgelegten Strecken und massenhaft abgestoßenen Empfangsgebäude der Bahnhöfe, die Streichung zahlreicher IC-Linien, der 2003 eingestellte Interregio-Zugverkehr und die Aufgabe der Nachtzüge sind ein Armutszeugnis sondergleichen. Dass die Gesamtzahl der Verspätungen und ausfallenden Personenzüge seit Jahren steigt und 2023 ein neues Rekordhoch erreicht hat – 3 Prozent der Fernverkehrsfahrten fielen sogar ganz aus und 5 Prozent teilweise – lässt für die nahe Zukunft das Schlimmste befürchten.[41] Dass außerdem im Güterverkehr aufgrund fehlender Schienenkapazitäten immer mehr Transportaufträge storniert werden müssen, ist angesichts des unerlässlichen Klimaschutzes schlicht nicht zu fassen.

Die in Deutschland seit 1994 grassierende neue Eisenbahnrealität beruht auf stetig ausgeweiteten komplexen Gesetzesvorgaben und behördlichen Vorgaben, die eine Vielzahl von Fachleuten in der Bundesrepublik und in der EU bewerkstelligen, befeuern und kommentieren. 2016 traten zum Beispiel das Gesetz zur Stärkung des Wettbewerbs im Eisenbahnbereich, mit dem eine EU-Richtlinie in nationales Recht umgesetzt wurde, und das Eisenbahnregulierungsgesetz in Kraft. Letzteres zielt auf eine Steigerung des Anteils des schienengebundenen Personen- und Güterverkehrs am gesamten Verkehrsaufkommen ab und auf die »Förderung und Sicherstellung« eines wirksamen Wettbewerbs in den »Eisenbahnmärkten«. Darüber hinaus sollen die Interessen der Verbraucher gewahrt und Innovationen bei Infrastruktur- und Verkehrsunternehmen gefördert werden, um einen sicheren, leistungsfähigen und zuverlässigen Betrieb der Eisenbahn zu garantieren.[42] Vor diesem papierenen Hintergrund stellt sich die Frage: Warum passiert realiter offenbar gar nichts?

An Institutionen mangelt es bestimmt nicht. So soll die Bundesnetzagentur »einen funktionierenden Wettbewerb auf der Schiene« sicherstellen,[43] während das Eisenbahn-Bundesamt (EBA) wiederum als Aufsichts-, Genehmigungs- und Sicherheitsbehörde fungiert.[44] Es dient der Selbstdarstellung zufolge »der Gewährleistung eines sicheren Betriebs der Eisenbahn und eines attraktiven Verkehrsangebotes auf der Schiene sowie der Wahrung der Interessen der Verbraucher im Eisenbahnmarkt« sowie der »Umsetzung oder der Durchführung von Rechtsakten der Europäischen Gemeinschaften oder der Europäischen Union im Bereich des Eisenbahnrechts, soweit diese Rechtsakte Sachbereiche dieses Gesetzes betreffen«.[45] Die Bundesstelle für Eisenbahnunfalluntersuchung (BEU) wiederum ist für die objektive Aufklärung von Unfällen und Störungen im Eisenbahnbetrieb zuständig.[46] Den Weg zum grenzenlosen Güter- und Personenverkehr soll die beim Eisenbahn-Bundesamt in Bonn angesiedelte Eisenbahn-Cert mit gewährleisten. Sie erstellt Zertifikate für Fahrzeuge, Infrastruktureinrichtungen und deren Komponenten.[47]

Von jeher arg beäugt wird das Eisenbahngeschehen von der wettbewerbsaffinen deutschen Monopolkommission. 2023 legten die fünf berufenen Wachhabenden das knapp 90 Seiten starke neunte »Sektorgutachten Bahn« vor. Es trägt den Titel *Time to GO: Endlich qualitätswirksam in den Wettbewerb!* und stellt gleich zu Beginn des Befundes fest: »Die Entwicklung des Wettbewerbs in den Märkten stagniert seit einigen Jahren. Im Fernverkehr ist der Wettbewerb mit einem Marktanteil der DB Fernverkehr AG von über 96 Prozent weiterhin stark eingeschränkt. Auch im Nahverkehr kann der Deutsche Bahn-Konzern seinen Marktanteil von 66 Prozent nahezu konstant halten. Ähnlich stagniert die Wettbewerbsentwicklung im Schienengüterverkehr, wenngleich die Wettbewerber hier mittlerweile mehr als 50 Prozent des Marktes auf sich vereinen können.«[48]

Die Monopolkommission möchte die Verkehrsleistungen des Konzerns Deutsche Bahn AG offenbar – unbeeindruckt von der Krise auf Deutschlands Schienen – durch eine steigende Anzahl von Wettbewerbern schrumpfen lassen. Mit seiner Wettbewerbsideologie befindet sich der bundesdeutsche Expertenstab durchaus im Einklang mit einer in der Tat viel mächtigeren Kommission – die allerdings in Brüssel sitzt.

Zum Betreten der EU-Plattform bitte klingeln.

EU im Gleis

Im ausgehenden 20. Jahrhundert widmete sich die neoliberale Privatisierungs- und Wettbewerbsideologie der Schiene: Auf dem »Operationstisch« der »Wirtschaftschirurgen« lag die Eisenbahn. Bis dahin verfügte der Zugverkehr in fast allen europäischen Ländern mit Trasse und Traktion über ein zusammenhängendes und einheitlich organisiertes System. Als im Juli 1991 die Richtlinie der damaligen EWG zur Entwicklung der Eisenbahnunternehmen der Gemeinschaft in Kraft trat, wurde deutlich, dass in Brüssel der bis dahin von Staatsbahnen geprägte Schienenverkehr keine Zukunft haben sollte. O-Ton: »Diese Richtlinie erkennt an, dass das europäische Eisenbahnnetz stärker zusammenwachsen muss, damit ein wettbewerbsfähiger Markt entsteht. Die Richtlinie unterscheidet auch zwischen der Erbringung von Verkehrsleistungen und dem Betrieb der Eisenbahninfrastruktur. Sie stellt fest, dass diese beiden Bereiche getrennt verwaltet werden müssen, um die zukünftige Entwicklung und die wirtschaftliche Nutzung der Eisenbahnunternehmen der Gemeinschaft zu verbessern.«[49]

Nicht ein verbesserter Schienenverkehr durch einschlägige Regelungen und Techniken für grenzüberschreitende Züge, sondern ein »wettbewerbsfähiger Markt« stand den Verantwortlichen der Kommission in Brüssel im Sinn. In dem von 1993 an forcierten und »immer stärker« für den Wettbewerb geöffneten Binnenmarkt (Vertrag von Maastricht) stand der Eisenbahnsektor umgehend mit im Fokus. Denn während Autos und Lastwagen um 1993 relativ problemlos von Nord nach Süd und Ost nach West gelangten, gestaltete sich der Schienenverkehr durch die unterschiedliche Signal- und Sicherheitstechnik, andersartigen Stromsysteme, Zulassungsvorschriften und teils differierenden Spurweiten der Mitgliedstaaten als Betrieb mit Hindernissen.

Ein Beispiel: Anders als in Österreich und Deutschland, wo sich die Technik ähnelt (lediglich beim Überfahren der Landesgrenze in Kufstein muss der Lokführer kurz den Stromabnehmer absenken und ein paar Meter ohne Kontakt zum benachbarten Stromnetz rollen), haben die Italiener ein gänzlich anderes System. Die meisten EC-Züge der Österreichische Bundesbahnen (ÖBB) sind zwar mit Mehrsystem-Loks ausgestattet und können in beiden Netzen fahren, sodass sich ein Lokwechsel erübrigt. Auf jeden Fall muss aber ein Lokführer den

Führerstand übernehmen, der Italienisch spricht – denn in der EU gibt es, anders als im Luftverkehr, keine einheitliche Fachsprache mit speziellen Begriffen, Abkürzungen und Codes für Eisenbahner. Wer ab dem Bahnhof Brenner oder Versciaco einen Zug gen Süden steuern will, muss zwingend Italienisch beherrschen, sonst kann er mit den Fahrdienstleitern nicht kommunizieren. In Italien wird auf den mehrgleisigen Strecken zudem im Linksbetrieb gefahren, in Österreich und Deutschland im Rechtsverkehr und an Ausweichstellen auch rechts gekreuzt.

Nun ging es der damaligen Kommission in Brüssel offenbar nicht nur darum, Maßnahmen zur Angleichung der technischen Unterschiede in Gang zu bringen, die den grenzüberschreitenden Schienenverkehr erleichtern und das mittlerweile teils auch schon tun, es ging ihr im Kern um die »marktgerechte« Aufspaltung und Privatisierung der traditionellen Staatsunternehmen. In dem 1996 von der EU-Kommission vorgelegten Weißbuch *Eine Strategie zur Revitalisierung der Eisenbahn in der Gemeinschaft* wurde noch einmal pointiert dargelegt, wohin die Reise gehen sollte: »Wir brauchen neue Eisenbahnunternehmen. Dies sollten in erster Linie Unternehmen mit einer unabhängigen Geschäftsführung sein, die Geschäftsmöglichkeiten ungehindert nutzen, die Folgen von Fehlentscheidungen aber auch selbst tragen müssen. Hierzu sind gesunde Finanzgrundlagen erforderlich. Finanzielle Altlasten dürfen den Eisenbahnunternehmen nicht hinderlich sein. Sie sollten dem Spiel der Marktkräfte in angemessener Weise ausgesetzt sein, die auch zur stärkeren Einbeziehung des privaten Sektors führen sollte.«[50]

Ab dem Millennium trieb die EU-Kommission mit vier sogenannten Eisenbahnpaketen ihren Plan voran, den Schienenverkehr unionsweit zu liberalisieren und dem »Spiel der Marktkräfte« zu unterwerfen.[51] Das **Erste Eisenbahnpaket** umfasst mehrere im Februar 2001 verabschiedete Richtlinien, die gravierende Änderungen erzwangen. So hat seitdem vor allem die Geschäftsführung eines Eisenbahnunternehmens von staatlichen Behörden unabhängig zu sein. Ferner sollen Infrastruktur und Eisenbahnverkehr getrennt betrieben werden. Dazu wurde festgelegt, allen Bahnunternehmen in der EU den freien und diskriminierungsfreien Zugang zur Bahninfrastruktur zu gewähren, um den »Wettbewerb auf der Schiene« voranzutreiben.

Das **Zweite Eisenbahnpaket** von 2002 sollte vor allem die Sicherheit und die Interoperabilität im Schienenverkehr sowie den wettbewerblich gestalteten Marktzugang im Bereich des Schienengüterverkehrs verbessern. Zudem schlug die Kommission die Errichtung einer europäischen Eisenbahnagentur vor, was dann auch umgesetzt worden ist. 2007 folgte das **Dritte Eisenbahnpaket**, das den grenzüberschreitenden Personenverkehr liberalisierte und den Wettbewerbsgedanken durch eine Verordnung stärkte, nach der öffentliche Verkehrsdienste grundsätzlich im Rahmen einer EU-weiten Ausschreibung vergeben werden sollen (mit Ausnahmeregeln).

Das **Vierte Eisenbahnpaket** von 2013 schloss letzte Liberalisierungslücken und besserte Vorschriften der vorangegangenen Gesetzgebung nach. Es soll den Schienenverkehr in der EU – so lauten die üblichen vielversprechenden Worte – attraktiver, effektiver, innovativer, kostengünstiger und somit zukunfts- und wettbewerbsfähiger machen. Den Kern des Vierten Eisenbahnpakets und dessen Maßnahmenkatalogs bilden überarbeitete bereits existierende gesetzliche Vorschriften sowie einige völlig neue Regelungen. Diese gliedern sich überwiegend in die beiden Bereiche »Markt-Säule« und »Technik-Säule«. Letztere regelt zum Beispiel das neue europäische Zulassungsverfahren für Schienenfahrzeuge. Dieses bislang letzte Eisenbahnpaket garantiert die wettbewerbliche Vergabe für öffentliche Dienstleistungsaufträge im Eisenbahnbereich. Generell dürfen und sollen inzwischen alle Eisenbahnunternehmen unionsweit Schienenverkehrsdienste anbieten. Auch der Zugang zu Serviceleistungen wie beispielsweise Wartung, Vertrieb, Fahrgastinformationssystemen oder Güterumschlagterminals steht Wettbewerbern offen. Für die Infrastrukturbetreiber – also diejenigen, die für die Trassen verantwortlich sind – verlangt die EU-Kommission die vollständige unternehmensrechtliche Trennung vom Verkehrsbetrieb. Allerdings haben Frankreich und Deutschland die Auflösung der Holdingstrukturen ihrer Bahnunternehmen im Staatsbesitz, der Société nationale des chemins de fer français (SNCF) und Deutsche Bahn AG, noch nicht vorgenommen.[52]

Mittlerweile ist das Regelwerk des Vierten Eisenbahnpakets in allen Mitgliedstaaten mit Zugverkehr in nationales Recht umgesetzt worden. Diese Länder müssen die EU-Kommission nun über die Entwicklung ihres Eisenbahnmarktes auf dem Laufenden halten, die wiederum alle zwei Jahre einen Bericht über den Eisenbahnverkehrsmarkt in Unionseuropa erstellt und diesen dem EU-Parlament vorlegt. Die umfangreichen Papiere enthalten Darstellungen über das Geschehen in den einzelnen Mitgliedstaaten, in Sonderheit über die Nutzung der Zugangsrechte, die Hindernisse auf dem Weg zu »effizienteren Schienenverkehrsdiensten«, den Rechtsetzungsbedarf, die laufenden Investitionen in die Infrastruktur, die Preisentwicklung und die Dienstleistungsqualität sowie über gemeinwirtschaftliche Verpflichtungen und anderes mehr.[53] Die Förderung der Integration der europäischen Eisenbahnsysteme obliegt der *European Union Agency for Railways* (Europäische Eisenbahnagentur, ERA).[54] Die Agentur soll zudem die Sicherheit von Zügen verbessern und eine nahtlose, direkte Grenzüberquerung zum Alltag machen. Ist es nicht höchste Zeit, den ungebremst wachsenden Verwaltungsapparat und überbordenden Ausstoß von teils wenig sinnvollen Auflagen und Berichtspflichten seitens der EU zu stoppen?

Die Liberalisierung der EU hat eine Fülle von miteinander konkurrierenden Eisenbahnverkehrsunternehmen hervorgebracht, die in Deutschland von dem Steuergeld profitieren, das als Regionalisierungsförderung aus Berlin an die Bundesländer fließt. Die teils noch im staatlichen Eigentum befindlichen Eisenbahnen stehen inzwischen ebenfalls im Wettbewerb miteinander. In erster Linie geht es in der neuen Welt der Eisenbahnverkehrsunternehmen – keinesfalls überraschend – um die Erzielung zumindest auskömmlicher Renditen und damit um einen möglichst schlanken und effektiven Eisenbahnbetrieb. Freilich nicht absolut so, wie von der EU-Kommission gewünscht: »Durch die Abschaffung der Monopole und die Einführung öffentlicher Ausschreibungen werden die Eisenbahnunternehmen dazu veranlasst, besser auf die Bedürfnisse der Kunden einzugehen, die Qualität ihrer Leistungen zu verbessern und ihre Kosteneffizienz zu erhöhen. Zudem wird die Innovationsbereitschaft der Eisenbahnunternehmen gefördert, nicht nur im Hinblick auf neue Technologien und die Digitalisierung, sondern auch auf innovative Geschäftsmodelle. So wird nicht nur der Eisenbahnsektor wettbewerbsfähiger gegenüber den anderen Verkehrsträgern, auch die nationalen Eisenbahnunternehmen werden zu konkurrenzfähigeren Akteuren auf europäischer und globaler Ebene.«[55]

Die Behauptung der EU-Kommissarinnen und -kommissare, Wettbewerb führe zwangsläufig zu besserer Qualität bei sinkenden Kosten, hat sich im Eisenbahnsektor bis heute nicht bewahrheitet – weder in Großbritannien noch anderswo und, wie immer deutlicher wird, schon gar nicht im deutschen Schienenpersonennah- und -fernverkehr.

Die grundsätzliche Genehmigung zur »Erbringung von Eisenbahnverkehrsleistungen« haben in Deutschland zurzeit sage und schreibe mehr als 140 nichtöffentliche Eisenbahnverkehrsunternehmen wie Werksbahnen und um die 540 öffentliche – von A wie Abellio über M wie metronom Eisenbahngesellschaft bis Z wie Zweckverband ÖPNV im Ammertal.[56] Sie alle bilden den regierungspolitisch gewollten wettbewerblichen und gewinnfixierten Markt, und im internationalen Vergleich hat der hiesige die höchste Anzahl von Konkurrenten.

Züge und ihr Betrieb, sprich die operative Durchführung der publizierten Zugfahrten, sind aufgrund der grundsätzlich anfallenden Trassen- und Stationsentgelte sowie der notwendigen Nebentätigkeiten wie Zugbildungen, das Abstellen, die Reinigung und anderes mehr aufwendig und teuer. Weil im Schienenpersonenfernverkehr keine öffentlichen Gelder das Betriebsrisiko reduzieren, sind die bislang wenigen Versuche, der DB Fernverkehr AG mit privaten Fernzügen Paroli zu bieten, nur zögerlich in Fahrt gekommen.

Vor allem die Flixtrain GmbH des deutschen Verkehrskonzerns Flix tritt seit 2017 als Konkurrent der DB AG auf. Das Bahnunternehmen konzentriert sich – zur Ergänzung des Fernbusnetzes – bislang auf Verkehre zwischen Ballungszentren. Es versteht sich als Billiganbieter, indem es auf 1.-Klasse- und Bistrowagen verzichtet. In den eng bestuhlten ehemaligen Interregio-Wagen wird jedem Fahrgast ein Sitzplatz mit Steckdosen und WLAN-Empfang garantiert.[57] Inwieweit Flixtrain die Angebote zwischen den rund sechzig in verschiedener Taktung angefahrenen Städten erweitert, bleibt abzuwarten. Der hohe Verkehrsanteil der DB Fernverkehr AG dürfte in nächster Zukunft jedenfalls kaum schrumpfen – 2023 betrug er 95 Prozent. Und zwar nicht zuletzt, weil sich auch der Anteil der früher Thalys und inzwischen Eurostar genannten Hochgeschwindigkeitszüge auf dem Schienenweg Dortmund–Düsseldorf–Köln–Aachen gen Belgien, Frankreich und England schon wegen der hohen Auslastung des Netzes nur bedingt erhöhen dürfte.[58] Aus den Lautsprechern hallt gerade eine Frauenstimme:

*Wegen technischer Störungen an der Bahnreform
kommt es zu Verspätungen.*

Anschlusszüge nicht erreicht

Nicht selten kann eine Person im Bahnhof weder dem Zug hinterherschauen noch ihn einfahren sehen. So auch im Poem *ICE* von Michael Augustin:

> Wenn du denkst, dass ich der Kerl da bin
> im Speisewagen,
> der Kerl, der grad den Blick
> auf Würzburg wirft
> und lächelnd seinen Kaffee schlürft,
> dann irrst du dich.
>
> Ich bin der andre da,
> am Bahnsteig in Hannover,
> der mit dem abgefrornen Arsch,
> der schon seit über einer Stunde
> dort auf etwas wartet,
> das fahrplanmäßig eben jetzt
> durch Fulda rattern sollte,
> obwohl's noch nicht einmal
> durch Hamburg rollte![59]

Die Pünktlichkeit ist ein großer systemspezifischer Vorteil des Schienenverkehrs. Die Fahrtzeiten sind prinzipiell sehr gut berechenbar – einschließlich der Haltezeiten und Zeitpuffer für übliche Zwischenfälle wie etwa eine technische Störung. In den ersten Jahrzehnten des deutschen Eisenbahnverkehrs wurde Pünktlichkeit noch nicht genau genommen. Die Fahrgäste beherzigten deshalb die Regel, mindestens eine Viertelstunde früher am Bahnhof zu sein, heutzutage verpassen sie dank der Push-Benachrichtigungen auf dem Smartphone zumeist nichts und können sich oftmals locker eine Viertelstunde später auf dem Bahnsteig einfinden.

Die zunehmend komplexeren Abläufe der verspätet industrialisierten deutschen Lande mit ihren ehemals zahlreichen Eisenbahn-Standard-Zeiten erforderten schließlich eine synchronisierte Uhrzeit. Bis dahin orientierten sich die einzelnen Städte am Stand der Sonne mit der Folge, dass es am Start- und Zielbahnhof unterschiedlich spät war. Ab dem 1. April 1893, als hierzulande die Mitteleuropäische Zeit (MEZ) eingeführt wurde, gestalteten sich die Fahrplangestaltung der Eisenbahngesellschaften sowie die organisatorische Verzahnung von Nah- und Fernverkehr präziser. Fortan wurde von Jung und Alt das pünktliche Erscheinen in Schulen, Fabriken, Büros und anderswo erwartet.

Die von stetig steigenden Fahrgastzahlen profitierende Eisenbahn brachte nun die Menschen nicht nur gewaltig in Fahrt; sie schuf zugleich, wie Ivan Illich trefflich zuspitzte, einen »neuen Menschentypus, der auf Schienen paßt und nach Fahrplänen läuft«.[60] Und von dem wie selbstverständlich pünktliches Erscheinen erwartet wurde. Auch in unseren hypermobilen, von Staus, Verspätungen und zuweilen Streiks geprägten Zeiten wird vielerorts nach wie vor pünktliches Erscheinen erwartet – nicht zuletzt vom Zugpersonal. Allerdings spielt die Bahn in Deutschland in dieser Liga schon längst nicht mehr mit. Entsprechend erscheinen in dem 2014 erschienenen Roman *Bonavia* von Dragan Velikić die Fahrgäste als Menschentyp, der auf Schienen passt und Verspätungen genießt:

»Die Fahrgäste dösten. Waren unaufmerksam. Gleichgültig gegenüber Verspätungen. Gewöhnt an Verspätungen. Dankbar für Verspätungen. Auf sie warteten vielleicht mehr hässliche als schöne Dinge. Wozu also eilen? Verspätungen konnten sie vor mancher Unannehmlichkeit bewahren. Sie sind Balsam für Angst und Anspannung. Ganze Zivilisationen gründen auf der durch Verspätungen gewonnenen Zeit. Sie ist nicht verloren, sondern ein Gewinn. Birgt ganze Existenzen, Mentalitäten, Werte. Wer entspannt döst, im Frieden mit sich und der Welt, gehört einer Kultur des Zuspätkommens an.«[61]

Von einer Kultur des Zuspätkommens kann hierzulande zwar noch keine Rede sein, eher schon von einer Kultur der Unzuträglichkeit mit Fahrplänen ohne Gewähr und unverbindlichen Zeitvorhersagen – von einer verkehrsbedingt unausweichlichen Unpünktlichkeit aber sicherlich. Bereits in den wirtschaftswunderlichen Jahren legte ein Werbespruch der Bundesbahn das mit dem Verweis auf die Vergangenheit unbeabsichtigt nahe: »Pünktlich wie die Eisenbahn« sagten unsere Urväter und stellten ihre Uhren nach vorbeifahrenden Zügen.[62] In den Jahrzehnten der Bundesbahn im Westen und der Deutschen Reichsbahn im Osten kamen allerdings beeindruckende Pünktlichkeitswerte nicht zustande, verbot es sich nachgerade, die Uhr nach den Zügen zu stellen.[63]

Alle reden vom Wetter. Wir nicht. Dieser 1966 aufgekommene eingängige Slogan der Bundesbahn drückte in Wirklichkeit aus, dass angesichts der vielen Bewältigungsprobleme des Schienenverkehrs bei Wetterextremen die Häufung von »umfangreichen Verspätungen« einfach konsequent verschwiegen wurde. Als zum Beispiel im Januar 1982 beißende Kälte und Schneefälle ganz Deutschland überzogen, vermerkte ein kalt erwischter Journalist: »Bei dieser Wetterlage muss sogar die Bundesbahn vom Wetter reden: Wegen der strengen Kälte brachen Schienen und vereisten Fahrleitungen. Züge mussten umgeleitet werden, einige Strecken konnten zum Teil nur eingleisig befahren werden. Stundenlange Verspätungen waren die Folge.«[64]

Heutzutage fahren schon bei normalem Schneefall – wie jüngst in fast ganz Bayern – zwei Tage lang keine Züge mehr. Die Gründe dafür sind die mangelnde Ausstattung der Bahnhöfe mit Räumungsgeräten sowie fehlende Mitarbeitende. Die Zeiten, zu denen bei Schneefall viel geschippt und die Weichen freigeschaufelt wurden, sind passé. Während in der Schweiz, in Österreich und den skandinavischen Ländern selbst bei stärkerem Schneefall die Züge ohne Probleme fahren, ist in Deutschland an solchen Wintertagen nurmehr für Spott gesorgt: »Die einzigen Schneebesen, die es bei der Bahn noch gibt, sind die Schneebesen in den ICE-Bistros.«[65]

An Auslösern für Verspätungen mangelt es auf Deutschlands Schienen weder im Winter noch zu den übrigen Jahreszeiten. Gleisbauarbeiten, Verzögerungen beim Ein- und Aussteigen, Entgleisungen und Zusammenstöße, Personen und Tiere im Gleis, mutwillige Eingriffe in den Bahnverkehr sowie vielfältige technische Probleme am rollenden Material und an Weichen, Signalen und Stellwerken sind sozusagen das Übliche. Zuweilen verlängern sich die Fahrzeiten sogar durch nicht funktionierende Toiletten, weil insbesondere die Fernverkehrszüge dann an den Bahnhöfen länger halten, damit die Mitfahrenden dort ein WC aufsuchen können. Die meisten Ausfälle der Anlagen entstehen zwar durch das Fehlverhalten von Reisenden, etwa durch Verstopfungen und starke Verunreinigungen. Aber nicht jede gesperrte Örtlichkeit ist funktionsgestört, sondern durchaus häufig aufgrund von Entsorgungsproblemen nicht zugänglich. Denn Zugtoiletten sind geschlossene Systeme, deren Frisch- und Abwassertanks nur ein begrenztes Fassungsvermögen haben und an dafür eingerichteten Stationen aufgefüllt und geleert werden müssen. Die von der DB AG betriebenen Entsorgungsanlagen bilden jedoch eine folgenreiche Schwachstelle. So bemängelte jüngst das baden-württembergische Landesverkehrsministerium, »die technische Verfügbarkeit der infrastrukturellen Ver- und Entsorgungseinrichtungen zur Entleerung der Toiletten und zur Versorgung mit Frischwasser ist stellenweise unbefriedigend, da überaltert und oftmals nicht funktionsfähig«.[66]

Verspätungen und verpasste Anschlüsse sind heutzutage der Normalzustand und dürften es erst einmal bleiben. Unplanmäßige Verzögerungen gehen durchschnittlich zu je einem Drittel auf Probleme der Eisenbahnverkehrsunternehmen mit ihren Zügen, auf äußere Einwirkungen sowie auf wachsende Mängel in der Infrastruktur zurück. Da die Bahnanlagen nach jahrzehntelanger Vernachlässigung und »Überalterung« schon aus Sicherheitsgründen umfassend zu sanieren und zu modernisieren sind, gibt es im Schienennetz bis zu tausend Baustellen am Tag, häufen sich Streckensperrungen und Langsamfahrten. Pendelnde Fahrgäste und Reisende, die sich eine Pünktlichkeit auf die Minute erhoffen, sollten daher besser mit einem Umzug in die Schweiz liebäugeln, denn deren Eisenbahnen sind hinsichtlich Zuverlässigkeit, Pünktlichkeit und Sauberkeit vorbildlich.

Zeitverzug und Zugausfälle sind im bundesdeutschen Schienenpersonenverkehr aufgrund der spezifischen Komplexität, aufgelaufener Sanierungszwänge und Leistungsdefizite hierzulande beim Fahrkartenkauf inbegriffen. Die im Fernverkehr dominante DB AG gibt für die »betriebliche Pünktlichkeit« monatlich Prozentwerte an, die den Anteil pünktlicher Halte an allen Unterwegs- und Endhalten spiegeln. Von ihr wird ein Halt als pünktlich gewertet, wenn der Zug nicht mit mehr als fünf Minuten und 59 Sekunden nach der im Fahrplan vorgesehenen Zeit eintrifft oder abfährt. Während 2019 im Jahresdurchschnitt 75,9 Prozent aller Halte von den DB-Fernzügen »pünktlich« erreicht wurden, waren es 2022 nur noch 65,2 Prozent. Im Jahr 2023 sogar lediglich 64 Prozent, also nicht einmal zwei Drittel.[67] Peinlich, peinlich, fürwahr.

Neben der Statistik, die die Deutsche Bahn zur Pünktlichkeit ihrer Züge veröffentlicht, werden seit Beginn des Jahres 2024 auch Angaben zur *Reisendenpünktlichkeit* im Fernverkehr mitgeteilt. Grundlage für die Auswertung sind Buchungsdaten von monatlich rund zehn Millionen Fahrgästen. Diese Angaben vermitteln ein genaueres Bild über die Fahrtverläufe, weil sie die Ankunftszeit am gebuchten Zielbahnhof erfassen. Und zwar der DB zufolge »unter Berücksichtigung funktionierender oder verpasster Anschlüsse, Ausfällen und Ersatzzüge, Fahrplanänderungen und alternativen Verbindungen. Der Schwellenwert liegt dabei, wie auch bei anderen Verkehrsträgern (Fernreisebus, Flugzeug), bei 14:59 Minuten gegenüber der geplanten Ankunftszeit«.[68] Während die Fahrgastpünktlichkeit laut der DB AG zwischen 2017 und 2020 stets über der 80-Prozent-Marke lag, hat sie seither stark abgenommen. In den Jahren 2022 und 2023 erreichte sie nur noch knapp 70 Prozent. Da gegenwärtig fast ein Drittel der

Reisenden im Fernverkehr den Zielbahnhof mit mehr als fünfzehn Minuten Verspätung erreicht, scheint die Zeit für eine Kultur des Zuspätkommens wahrlich reif.

Für die Fahrgäste des Schienenpersonennahverkehrs gilt das ohnehin schon. Stellvertretend für alle Bundesländer folgen hier einige Einblicke in den *Qualitätsbericht zum Schienenpersonennahverkehr in Nordrhein-Westfalen*. Im Jahr 2022 betrug die durchschnittliche Pünktlichkeitsquote aller in NRW verkehrenden SPNV-Linien 77,9 Prozent und war im Vergleich zu den Vorjahren deutlich schlechter. Auf den Regional-Express-Strecken gab es den stärksten Rückgang der Pünktlichkeitsquote auf nunmehr 71 Prozent. Zitat aus dem Qualitätsbericht: »Gründe hierfür sind vielfach die langen Linienwege der RE-Linien mit Durchfahrung von meist mehreren hoch ausgelasteten Knotenbahnhöfen und Streckenabschnitten sowie Strecken mit Baustellen. Besonders einige langlaufende RE-Linien weisen in den Sommermonaten niedrige Pünktlichkeitsquoten auf. Durch die hohe Nutzung des 9-Euro-Tickets konnten beispielsweise vorgesehene Haltezeiten nicht immer eingehalten werden.«[69]

Bei den Regionalbahn-Linien betrug die Pünktlichkeitsquote immerhin gut 81 Prozent, obwohl sie schlechter als in den Jahren zuvor war. Zitat aus dem Qualitätsbericht: »Für den deutlichen Rückgang gegenüber den Vorjahren sind insbesondere die marode Infrastruktur (z. B. alte Stellwerkstechnik und vermehrt auftretende signaltechnische Störungen) und Bauarbeiten verantwortlich, aber auch kurze Wendezeiten an den Endhaltepunkten.«[70] Übrigens setzte sich 2022 auch bei den S-Bahn-Linien (Rhein-Ruhr/Köln) »die negative Entwicklung aus den Vorjahren mit nur mehr knapp 82 Prozent fort«. Zitat aus dem Qualitätsbericht: »Gründe hierfür sind Probleme mit älteren Fahrzeugen, hoch belastete und eingleisige Streckenabschnitte sowie Bautätigkeiten.«[71] Im Schienenpersonennahverkehr der Länder wirkt sich seit Jahren der Mangel an qualifiziertem Personal negativ auf den Bahnbetrieb aus, weil immer wieder Verbindungen sowohl wegen fehlender Triebfahrzeugführerinnen und -führer als auch wegen nicht besetzter Stellwerke und fehlender Wartungskräfte ausfallen.

Laut der Schlichtungsstelle Reise & Verkehr waren 2023 Zugausfälle der häufigste Beschwerdegrund. Was Wunder. Überdies fallen bei der Deutschen Bahn jährlich Zehntausende von Fernverkehrszügen (ICEs, ICs und ECs) aus – 2022 waren das rund 4700; im Regionalverkehr entfielen sogar rund 37.000.[72] Als zweithäufigster Beschwerdegrund schlugen Verspätungen ins Kontor.[73] Die Entschädigungsansprüche betragen bei einer Verspätung ab sechzig Minuten 25 Prozent und bei

einer Verspätung ab 120 Minuten 50 Prozent des Fahrpreises. Näheres ergibt sich aus der Eisenbahn-Verkehrsordnung (EVO)[74], in der Paragraph 11 »zusätzliche Rechte bei Verspätung im Schienenpersonennahverkehr« benennt. Da heißt es u. a.:
»1. Der Reisende kann die Fahrt zum vertragsgemäßen Zielort mit einem anderen Zug durchführen, sofern vernünftigerweise davon ausgegangen werden muss, dass der Reisende sonst mindestens 20 Minuten verspätet am Zielort ankommen wird. 2. Der Reisende kann die Fahrt zum vertragsgemäßen Zielort mit einem anderen Verkehrsmittel durchführen [...].«[75]

Seit 2021 gilt die Neufassung der EU-Fahrgastrechteverordnung. Sie legt fest:»Insbesondere da der Fahrgast im Eisenbahnverkehr die schwächere Partei eines Beförderungsvertrags ist, sollten die Rechte der Fahrgäste im Eisenbahnverkehr geschützt werden.«[76] Im Hinblick auf die Entschädigungszahlungen bei Zugausfällen oder Verspätungen stellt die Verordnung eindeutig klar:

Ein Eisenbahnunternehmen sollte jedoch nicht zur Zahlung einer Entschädigung verpflichtet sein, wenn es nachweisen kann, dass die Verspätung durch außergewöhnliche Umstände wie extreme Witterungsbedingungen oder große Naturkatastrophen, die den sicheren Betrieb des Verkehrsdienstes gefährdeten, verursacht wurde. Solche Ereignisse sollten im Unterschied zu normalen jahreszeitlich bedingten Witterungsbedingungen, wie Herbststürmen oder regelmäßig auftretenden städtischen Überflutungen aufgrund der Gezeiten oder der Schneeschmelze, außergewöhnliche Naturkatastrophen darstellen. Darüber hinaus sollte ein Eisenbahnunternehmen nicht zur Zahlung einer Entschädigung verpflichtet sein, wenn es nachweisen kann, dass die Verspätung durch eine schwere Krise im Bereich der öffentlichen Gesundheit, wie beispielsweise eine Pandemie, verursacht wurde. Außerdem sollte das Eisenbahnunternehmen nicht verpflichtet sein, eine Entschädigung für eine Verspätung zu zahlen, die durch den Fahrgast oder durch bestimmte Handlungen von Dritten verursacht wurde. [...] Streiks des Personals des Eisenbahnunternehmens sowie Handlungen oder Unterlassungen anderer Eisenbahnbetreiber, die dieselbe Infrastruktur, denselben Infrastrukturbetreiber oder dieselben Bahnhofsbetreiber nutzen, sollten sich nicht auf die Haftung für Verspätungen auswirken. Die Umstände, unter denen Eisenbahnunternehmen nicht zur Zahlung einer Entschädigung verpflichtet sind, sollten objektiv gerechtfertigt sein.[77]

Die von der Bundesrepublik übernommene EU-Fahrgastrechteverordnung hat für Reisende durchaus nicht alles verbessert. So lässt es sich auch nicht verhindern, dass die Schweizerischen Bundesbahnen (SBB) mehr als eine Viertelstunde verspätete Züge aus Deutschland nur noch bis Basel fahren lassen, wo die Passagiere dann in Ersatzzüge umsteigen müssen, um ihre Ziele in der Schweiz zu erreichen. Im schönen Bahndeutsch formuliert: *Grund dafür* sind die anhaltenden Verspätungen der Deutschen Bahn, die viel zu oft den Schweizer Fahrplan durcheinandergebracht haben. Ach ja. Neuerdings wirbt die DB AG damit, mit Künstlicher Intelligenz (KI) für pünktlicher verkehrende Züge sorgen zu können: Mithilfe eines selbst entwickelten Tools soll die Disposition von Zügen in ganz Deutschland wesentlich effizienter werden, so dass Verspätungen seltener vorkommen. Wer's glaubt, freut sich über zumindest versprochenen Zeitgewinn ...

Deutschland bleibt durch seine mittige Lage für den europäischen Eisenbahnfern- und Güterverkehr der zentrale Staat auf dem Kontinent. Der Bund tut also gut daran, die Vorhaltung eines für den Fern- und Nahverkehr funktionstüchtigen Netzes sicherzustellen. Aber tut er das auch?

Vorsicht beim Überschreiten der Gleise!

Überlastete Schienen

Das öffentliche deutsche Eisenbahnstreckennetz hat – Stand 2023 – eine Länge von insgesamt gut 39.200 Kilometern (einschließlich zum Beispiel der Museumsbahnen wie die Rügensche BäderBahn *Rasender Roland*). Davon betreibt der DB-Konzern 33.400 Kilometer, also gut 85,5 Prozent. Das Gleisnetz ist seit der Bahnreform 1994 nun nicht etwa, und wie damals politisch prophezeit, »leistungsfähiger« geworden, sondern erheblich leistungsschwächend geschrumpft. Mehr als 5400 Kilometer des 1994 noch 44.600 Kilometer umfassenden Streckennetzes sind allein bis 2018 ausgemustert und damit zugleich viele Orte vom Schienennetz abgekoppelt worden.[78]

So wurde zum Beispiel am 4. April 2003 unter lautstarkem Protest der knapp zwölf Kilometer lange Abschnitt der in den Ballungsraum Frankfurt/Rhein-Main führenden Horlofftalbahn zwischen Hungen und Wölfersheim/Södel stillgelegt. Zuvor hatten einige Demonstrationen – beispielsweise mit siebzig schwarzen Holzkreuzen vor der Geschäftsstelle des Verkehrsverbundes Gießen – eine beachtliche öffentliche Wirkung entfaltet. Ich erwähne das, weil die AG Horlofftalbahn, die sich seit 2003 unermüdlich für eine Wiedereröffnung der Strecke eingesetzt hat, erreichen konnte, dass sie bis Ende 2025 reaktiviert wird.[79]

Zur Beschwichtigung ließ die Deutsche Bahn in aller Regel immer wissen, es gebe eben große wirtschaftliche Zwänge. Im Übrigen komme es zu einer Streckenstilllegung nur, wenn zu wenig Fahrgäste oder Gütertransporte gezählt würden. Außerdem werde ein solcher Schritt nur dann vom Eisenbahnbundesamt genehmigt, wenn kein anderer Wettbewerber bereit sei, die Trasse weiter zu betreiben.

Nicht extra genehmigt werden musste offenbar die seit Ende der 1990er Jahre durchgezogene Demontage von mehr als der Hälfte (!) der Weichen, um Geld für deren Instandhaltung einzusparen. Unter Hartmut Mehdorn, dem börsengangswütigen Vorstandschef der Deutschen Bahn AG zwischen Dezember 1999 und April 2009, wurden sogar Prämien für solche Stilllegungen ausgelobt. Erschwerend hinzu kommen die jahrzehntelang extrem vernachlässigten Instandsetzungsarbeiten an Gleisen, Weichen, Brücken und den in Westeuropa ältesten und anfälligsten Stellwerken. Was Wunder, dass es am laufenden Band zu Störungen und kurzfristigen Sperrungen kommt und die Züge auf immer mehr Langsamfahrstellen ausgebremst werden. Die wachsende Zahl von Stellwerksausfällen, kaputten Weichen und Signalstörungen macht einen geordneten Ablauf des Zugverkehrs unmöglich – und das zweifellos noch jahrelang.

Der Zustand der Eisenbahninfrastruktur wird den Ansprüchen an Qualität und Kapazität längst nicht mehr gerecht. Schienennetz und Bahnhöfe müssen dringend modernisiert, die Qualität nachhaltig verbessert werden. Deutschland hat eines der dichtesten Eisenbahnnetze der Welt. Die Strecken selbst fungieren als Kanten, deren Aufeinandertreffen kleine und große Bahnknoten bilden. Im Netz der DB AG gibt es 36 komplexe Großknotenbereiche, von denen bis zu dreizehn Strecken abgehen. Etwa München, Frankfurt, Köln, Hamburg und Leipzig. Nun ist Verkehrssystemen zwar das nichtlineare Verhalten eigen, bei geringer Grundlast kurzzeitige Belastungsspitzen oder Störungen durch technische Probleme oder Unfälle bewältigen zu können. Befinden sich solche Knotenbereiche jedoch an der Grenze der Belastbarkeit, bewirken bereits kleine Störungen den Zusammenbruch ihrer Funktionsfähigkeit. Und weil die meisten Haupteisenbahnstrecken in Deutschland fast vollständig ausgelastet sind, sorgt bereits eine kurze Stellwerksstörung in einem großen Knoten für die dominoeffektartige Verspätung aller von ihm ausgehenden Zuglinien. Eine fahrplanmäßige Fahrt der teils bis zu fast tausend Kilometer langen Linien ist dann unmöglich.

Dem Netzzustandsbericht der DB InfraGO zufolge betreibt die Deutsche Bahn neben dem Schienennetz von 33.400 Kilometern insgesamt an die 325.000 Infrastrukturanlagen, also Gleise, Weichen, Oberleitungen, Stellwerke, Brücken, Tunnel, Stützbauwerke und Bahnübergänge.[80] Laut dem Bericht befinden sich – sage und schreibe – mehr als die Hälfte der von der DB untersuchten Strecken in einem mittelmäßigen, schlechten oder mangelhaften Zustand, gelten als überaltert und »mindestens instandsetzungsbedürftig«. Besonders betroffen sind insbesondere die für Stabilität und Pünktlichkeit im gesamten Netz wichtigen Strecken mit höchster Auslastung. Generell gehen viele Verspätungen der Züge auf die defektanfällige marode Infrastruktur zurück und gerät die Errechnung der Fahrpläne zunehmend außer Kontrolle, die gegenwärtig mehr als zwei Millionen Mal im Jahr geändert werden müssen. Schon aufgrund der regierungspolitisch jahrzehntelang praktizierten Unterfinanzierung der »Eisenbahnen des Bundes« müssen inzwischen mehr als ein Viertel der Gleise und zahlreiche Weichen »mittelfristig« erneuert werden. Oberleitungsschäden kommen auch nicht gerade selten vor.

Seit 2009 existiert für die Finanzierung der Erhaltung und Verbesserung des Zustands der Schienenwege des Bundes zwischen dem Bundesministerium für Verkehr und digitale Infrastruktur und den Eisenbahninfrastrukturunternehmen der Deutschen Bahn AG (inzwischen DB InfraGO und DB Energie GmbH) eine Leistungs- und Finanzierungsvereinbarung (LuFV). Für den Zeitraum von 2020 bis 2029 gewährt der Bund – wohlgemerkt auf dem Papier – insgesamt 86,2 Milliarden Euro für Ersatzinvestitionen und die Instandhaltung des bestehenden Schienennetzes. Die Gelder stammen überwiegend aus dem Bundeshaushalt und aus Bahn-Dividendeneinnahmen (63,4 Milliarden Euro). Investive Eigenmittel der DB InfraGO kommen hinzu. Bis 2029 ist sie verpflichtet, für die Instandhaltung der Schienenwege mindestens 22,8 Milliarden Euro selbst aufzuwenden.[81]

Zu den Eigenmitteln der DB InfraGO AG gehören auch die Einnahmen aus den Trassenentgelten. Sie stellen die Gegenleistung für die Benutzung der Eisenbahnanlagen, Bahnhöfe und Serviceeinrichtungen durch die verschiedenen Eisenbahnverkehrsunternehmen dar und dienen der Instandhaltung.[82] Das EU-Recht schreibt den Mitgliedstaaten zwingend die Erhebung von Trassenpreisen auf dem gesamten Streckennetz vor. Sie müssen für Reisezüge im Nah- und Fernverkehr, für Güterzüge und selbst für allein fahrende Lokomotiven entrichtet werden. Den Mitgliedstaaten bleibt es überlassen, zusätzlich weitere Ausgaben über die Schienenmaut hereinzuholen. So bindet die Deutsche Bahn AG in die seit 1994 erhobenen Trassenpreise auch Unterhalts- und Investitionsbeiträge für die Infrastruktur ein.

Die politisch gewollte Wettbewerbssteigerung im Bahnsektor hat auch hierzulande diverse Institutionen und eine zunehmend ausufernde Bürokratie nach sich gezogen – so zum Beispiel die Bundesnetzagentur. Das nun folgende Zitat verdeutlicht, was sie zu leisten gedenkt:

Mit der Entgeltregulierung im Eisenbahnsektor setzt die Bundesnetzagentur Akzente zur Stärkung der Wettbewerbsfähigkeit des Schienenverkehrs. Denn selbst wenn der Zugang zum Netz gesichert ist, können diskriminierende, unangemessene oder intransparente Entgelte eine erhebliche Hürde für die Zugangsberechtigten und ihre Nutzungswünsche darstellen. Um die Erhebung rechtswidriger Entgelte zu vermeiden, hat der Gesetzgeber mit Inkrafttreten des Eisenbahnregulierungsgesetzes (ERegG) [...] die grundsätzliche Genehmigungspflicht für die Trassenpreise sowie für die Entgelte zur Nutzung der Personenbahnsteige und Laderampen eingeführt. In der Bundesnetzagentur stehen für jeden entgeltrelevanten Belang Ansprechpartner zur Verfügung. Alle Zugangsberechtigten sollen darauf vertrauen können, dass die Nutzungsentgelte frei von diskriminierenden Bestandteilen sowie in der Höhe angemessen und gesetzeskonform gebildet sind. Die regulierten Eisenbahninfrastrukturunternehmen werden bei der Aufstellung von diskriminierungsfreien und angemessenen Entgeltregelungen unterstützt und beraten.[83]

Als im Frühjahr 2024 die von der Bundesnetzagentur genehmigte Erhöhung der Trassenpreise für den Schienenpersonenfernverkehr um 17,7 Prozent und für den Güterverkehr um 16,2 Prozent bekannt wurde, erhoben elf private Eisenbahnunternehmen des Güterverkehrs gemeinsam mit der DB Cargo und der DB Fernverkehrssparte Klage, weil sie sich überproportional benachteiligt sahen. Eine Klage, der sich bemerkenswerterweise auch die DB InfraGO AG anschloss, die die Trassenpreise erhebt und vereinnahmt. Denn da der Schienenpersonennahverkehr aus gesetzlichen Gründen nur gering belastet werden darf, genehmigte die Netzagentur für ihn lediglich eine Erhöhung der Trassenpreise von 0,6 Prozent. Und dies, obwohl der SPNV den meisten Verkehr auf der Schiene erzeugt. (Die gesetzliche Deckelung besteht, damit der Bund keine höheren Regionalisierungsmittel an die Länder überweisen muss.)

»Die für 2025 vorgesehenen Preiserhöhungen im Trassenpreissystem schaffen einseitige und nicht tragbare Belastungen für alle Eisenbahnverkehrsunternehmen im Fern- wie auch im Güterverkehr«, lautete die Beschwerde nach der Bekanntgabe der drastischen Verteuerung. Schließlich müssten für Güterzüge 52 Cent pro gefahrene Kilometer auf den Schienen mehr gezahlt werden und für Fernverkehrszüge wie ICEs sogar noch mehr. Preiserhöhungen für die Bahnkunden seien die zwangsläufige Folge.[84] »Es ist die Kombination aus steigenden Trassenpreisen, gekürzter Trassenpreisförderung und maroder Infrastruktur, die den Eisenbahnunternehmen momentan die Luft zum Atmen raubt«, scholl es aus dem Verband Die Güterbahnen. »Diese Entkoppelung von Preisen und Realität kann nicht rechtens sein.«[85]

Die Eisenbahnverkehrsunternehmen verwiesen auch auf das EU-Recht, das den Mitgliedstaaten bei der Erhebung von Trassenpreisen nur die unmittelbaren Kosten der Zugfahrt zwingend vorschreibt. Da die Bundesrepublik zusätzlich den Aufwand für die Instandhaltung der Infrastruktur einberechnet, steigen die Trassenpreise hierzulande tendenziell, zumal die für den Schienenpersonennahverkehr erhobenen Nutzungsentgelte ja gedeckelt sind. Ziel der Klage der Eisenbahnunternehmen und der DB InfraGO AG ist eine rückwirkende und faire Neuverteilung der genehmigten Kosten auf alle Bahnverkehrsarten. Sie fordern zudem höhere Zuschüsse des Bundes, um die Preissteigerung auf maximal 6 Prozent zu begrenzen. In der Tat verlängerte die Regierung im Sommer 2024 die Trassenpreisförderung für den Schienengüterverkehr bis zum 30. November 2028, die für den Schienenpersonenfernverkehr jedoch nicht. Die geplante weitere Erhöhung von fast 18 Prozent dürfte zum einen die Fahrkarten der DB Fernverkehr AG verteuern und zum anderen »aus Kostengründen« wohl auch eine Reduktion von Verbindungen im Fernverkehr nach sich ziehen. Immerhin zieht das Verkehrsministerium in Betracht, »die Systematik der Trassenpreise grundlegend zu überarbeiten«.[86] Die deutschen Trassenpreise sind im Verhältnis zu den erzielbaren Ticketpreisen die höchsten in Europa. Gut zu wissen, dass eine akademische Studie deutlich belegt, dass nicht steigende, sondern sinkende Trassenpreise die gesellschaftliche Wohlfahrt erhöhen.[87]

Das nach Stilllegungen und Abbauentscheidungen verbliebene Netz der Deutschen Bahn ist mit dem heutigen Verkehrsaufkommen überlastet und wird es bei den prognostizierten Steigerungen künftig sogar im wachsenden Maße sein. Nun erfolgt auf zahlreichen Strecken eine Mischnutzung von Nah-, Fern- und Güterverkehr, bei dem Trassenkonflikte gleichsam vorprogrammiert sind. (Der schnellere Zug hat bei Vorkommnissen zumeist Vorfahrt.) Sehr stark betroffen von dieser Entwicklung ist das Bundesland Nordrhein-Westfalen. Denn die »Erholungsstrecken« zwischen den überlasteten Schienenwegabschnitten, die Störungen im Ablauf vermindern helfen, verkürzen sich seit Längerem immer mehr. Und so nehmen die Störungen im Bahnbetrieb ungebremst zu und führen immer häufiger und zumeist über viele Stunden zu einer allseits sehr unbefriedigenden Betriebsqualität. An den zum Schutz gegen die Unzuverlässigkeit des Bahnsystems notwendigen Kapazitätsreserven mangelt es offenbar entschieden.[88]

Im November 2022 kündigte die Deutsche Bahn AG notgedrungen an, das Instandhaltungsproblem nur durch die »Generalsanierung« ihrer »Hochleistungskorridore« bewältigen zu können. Bis 2030 sollen rund vierzig viel befahrene Strecken während (wohl mindestens) halbjähriger Sperrungen grundlegend instandgesetzt werden. Die Mission lautet im trügerischen Werbedeutsch: »Gemeinsam und aus einer Hand ein leistungsfähiges Schienennetz und attraktive Bahnhöfe zu schaffen, die auf ganzer Linie begeistern.«[89] Zwar hatte der Bund für den Sanierungsaufwand bis 2027 rund 45 Milliarden Euro an zusätzlichen Geldern versprochen. Nach dem Urteil des Verfassungsgerichts über den Klima- und Transformationsfonds ist diese Summe jedoch alles andere als niet- und nagelfest. Die Bahn wird deshalb bestimmte Vorhaben wohl weiter nach hinten schieben.

Im von Bundestag und Bundesrat gepflegten »Bedarfsplan Schiene«, in dem aufgeführt ist, wo in den dringend notwendigen Ausbau der Bahninfrastruktur in Deutschland investiert wird, waren im Juli 2023 noch 2,3 Milliarden Euro jährlich vorgesehen, sprich genau die Summe, die Österreich ohnehin pro Jahr für den Schienenausbau aufwendet. Im für 2024 beschlossenen Bundeshaushalt fehlte davon jedoch mehr als eine halbe Milliarde, standen nur noch knapp 1,7 Milliarden Euro bei den »Baukostenzuschüssen für Investitionen des Bedarfsplans Schiene« zur Verfügung. Der wichtigste Hebel, um an der atemberaubenden Misere etwas zu ändern, ist zweifellos das Geld für eine zuverlässige und langfristig planbare Budgetausstattung. Bezeichnenderweise zeigen Daten des Verbands *Allianz pro Schiene*, dass die über das größte Schienennetz in Europa verfügende Bundesrepublik Deutschland zu den Ländern mit den geringsten Pro-Kopf-Investitionen ins eigene Netz gehört. Das waren 2022 lediglich 114 Euro, während in Schweden 245 Euro, in Österreich 319 Euro und in der Schweiz 450 Euro flossen.[90]

Werden die Deutschen tendenziell mindestens das Dreifache der bisherigen jährlichen Pro-Kopf-Investitionssumme in die Eisenbahn stecken, um eines fernen Tages über ein vorbildliches Bahnsystem zu verfügen? Nein, es sieht leider nicht danach aus, weil schon der Bedarf für die vom Bundestag für notwendig gehaltenen neuen Schienenprojekte deutlich höher ausfällt als die 2023 noch geplanten 2,3 Milliarden Euro pro Jahr. Erforderlich wären wohl wenigstens um die 5 Milliarden Euro jährlich, wenn bis 2030 die Verdoppelung der Fahrgastzahlen und das Erreichen von 25 Prozent Marktanteil im Güterverkehr wenigstens halbwegs Realität werden soll.[91] Und da eine Zunahme an Passagieren und ein Plus an Gütern auf der Schiene zwangsläufig die Bereitstellung zusätzlicher Zugeinheiten erfordern, ist eine Erhöhung der Netzkapazität mehr als dringend erforderlich. Aus dem Lautsprecher tönt derweil:

Aufgrund höheren Zugaufkommens auf der Strecke bleiben wir auf unbestimmte Zeit stehen. Wir kommen irgendwann an.

Verunfallte Sicherheit

Fast jede der deutschen Eisenbahnepochen hatte Phasen, in denen die Sicherheitseinrichtungen der Verkehrsentwicklung nicht mehr gewachsen waren. Dann häuften sich die Unfälle.[92] Das bislang schwerste Zugunglück in der Geschichte der Bundesrepublik ereignete sich 1998, als bei der ICE-Entgleisung von Eschede 101 Menschen starben und 105 teils schwer verletzt wurden. Die Katastrophe trat ein, weil stark ermüdungsgefährdete, gummigefederte Radreifentypen wegen missachteter Instandsetzungs- und Kontrollrichtlinien nicht rechtzeitig ausgetauscht worden waren.[93]

Um nicht missverstanden zu werden: Die Eisenbahn ist das mit Abstand sicherste Verkehrsmittel in Deutschlands Landen. Im Zehnjahresschnitt von 2013 bis 2022 war das Risiko für Fahrgäste, mit dem Zug tödlich zu verunglücken, mehr als fünfzigmal geringer als für die Insassen eines Autos. Das Risiko einer schweren Verletzung ist pro Personenkilometer bei jeder Autofahrt sogar 140-mal höher als bei einer Bahnfahrt.[94] Die meisten Personen verlieren nicht bei einem Zugunglück, sondern bei Unfällen auf Bahnanlagen und beim (zumeist unachtsamen) Überqueren von Bahnübergängen ihr Leben. Eben deshalb weist die Deutsche Bahn auf Schildern nachdrücklich auf die Gefahren auf Gleisen und an Bahnübergängen hin.

Bei den amtlich dokumentierten Sicherheitsindikatoren gibt es sogenannte Vorläufer von Eisenbahnunfällen. Dazu gehören Schienenbrüche, Schienenverbiegungen, Signalisierungsfehler und überfahrene Haltesignale. Für Letztere stellt das Eisenbahn-Bundesamt seit 2014 einen deutlichen Anstieg der Zahl der Ereignisse fest – 647 waren es 2022. Die überfahrenen Haltesignale bilden inzwischen einen Schwerpunkt bei der Überwachung durch das Eisenbahn-Bundesamt.[95]

2022 ereigneten sich insgesamt 337 signifikante Eisenbahnunfälle, was einem Anstieg von immerhin 41 Prozent gegenüber dem Vorjahr entspricht. Als signifikant wird ein Unfall gewertet, wenn mindestens ein Mensch schwer verletzt oder getötet worden, ein Sachschaden von mehr als 150.000 Euro entstanden ist oder auf einer Haupteisenbahnstrecke für mindestens sechs Stunden der Verkehr unterblieb. Ist es aufgrund der in weiten Teilen marode gewordenen Bahninfrastruktur verwunderlich, dass die Zahl der »signifikanten Unfälle« seit dem

Beginn der Erfassung im Jahr 2007 nur einmal höher war als 2022? Ohne Suizide kamen 2022 insgesamt 151 Menschen bei Eisenbahnunfällen ums Leben, darunter acht Fahrgäste und sieben Bahnarbeiter. Bei neunzig Todesfällen hatten sich Menschen unbefugt auf Eisenbahnanlagen aufgehalten, vierzig Todesfälle gab es an Bahnübergängen. Die Anzahl der bei Eisenbahnunfällen schwer verletzten Personen lag im Jahr 2022 mit 136 Personen deutlich über dem Mittelwert seit 2007.[96]

Seit 2017 gibt es auf Veranlassung des Bundestages die Bundesstelle für Eisenbahnunfalluntersuchung (BEU). Sie soll als selbstständige Bundesoberbehörde im Geschäftsbereich des Bundesministeriums für Digitales und Verkehr Unfälle und Störungen im Eisenbahnbetrieb ehrlich und schonungslos untersuchen. Die BEU ist an die Entwicklung des europäischen Rechtsrahmens gebunden, der mittels einer künftigen »Gemeinsamen Sicherheitsmethode« eine weitere Vereinheitlichung und Verfeinerung der Definition eines gefährlichen Ereignisses im Eisenbahnbetrieb anstrebt und »absehbar die bisherigen national geprägten Grundsätze der Meldepflichten verändern« wird.[97]

Die Unfälle teilt die BEU in die »Ereignisarten Kollision, Entgleisung, Personenunfall, Bahnübergangsunfall, Fahrzeugbrand und sonstiger Unfall im Eisenbahnbetrieb« ein. Zwischen 2013 und 2023 kam es zu mehr als vierzig Unfällen, bei denen in Deutschland Züge entgleisten oder zusammenstießen. »Die vielen Unfälle und die Toten führen zu einer grundsätzlichen Frage«, merkte Ende 2023 die *Süddeutsche Zeitung* besorgt an: »Was ist los beim Staatsunternehmen Deutsche Bahn (DB), das ein mehr als 30.000 Kilometer langes Schienennetz betreibt? Ist es menschliches Versagen, dass so viele Züge kollidieren oder entgleisen? Oder gibt es Fehler im System?«[98]

Die Verantwortlichen der Deutschen Bahn AG wissen nur zu genau, dass ihre bröckelnde Infrastruktur nebst maroden Schienen im Eisenbahnverkehr schon längst keine auch nur annähernd hundertprozentige Sicherheit mehr gewährleisten kann. Untersuchungsergebnisse der Bahn, der Staatsanwaltschaft und der Behörden weisen zum Beispiel darauf hin, dass im Juni 2022 beim Unfall in Garmisch-Partenkirchen mehrere Betonschwellen Risse aufwiesen und diese unter der Last des Zuges die Schienen nicht mehr zusammenhalten konnten.[99]

Die Ursachen nicht weniger Unfälle sehen die Mitarbeitenden in den Arbeitsbedingungen. Das geht aus Beiträgen in sozialen Netzwerken hervor. Trotz der »Betrieblichen Anweisungen«, die vor jedem Arbeitsschritt zur Feststellung der notwendigen Sicherheitsmaßnahmen zwingend vorgeschrieben sind, sorgt die häufiger gewordene

Personalnot etwa in der Fahrdienstleitung für zunehmend unter Stress und Druck und Müdigkeit geratende Mitarbeiterinnen und Mitarbeiter, was Unfälle wahrscheinlicher macht. Auf Bahnhöfen mit mehreren Kilometern an Gleisen verrichten teils nur vier Arbeiter die Aufgaben, für die eigentlich zwölf Beschäftigte – also dreimal mehr – vorgesehen sind.

Zu den externen und weitreichenden Störungen des Betriebsablaufes, die von Eisenbahnern nicht zu verantworten sind, gehören Selbsttötungen. 2022 nahmen sich 684 Menschen das Leben durch sogenannte Schienensuizide.[100] Die Ansage lautet:

> *Die Abfahrt wird sich um neunzig Minuten verzögern,*
> *da momentan kein Zug den Bahnhof erreicht.*

Bahn- oder Wahnhof?

Für Reisende im Fernverkehr beginnt und endet die Fahrt in einem Bahnhof. Wenn es nicht gerade einer der großen Hauptbahnhöfe etwa in Nürnberg oder Leipzig oder ein jüngst postmodern hergerichteter wie der in Münster ist,[101] wird es sich in den ländlichen Regionen nicht selten um eine verlotterte und funktionslose Steinhülle handeln, die gar keine oder keine angemessenen Toilettenanlagen aufweist. Auf mehr als 90 Prozent der Stationen finden Reisende inzwischen kein Personal mehr vor.

Die Deutsche Bahn rühmte sich im Frühjahr 2024 in fast schon unverschämter Weise mit den Worten: »An unseren 5400 Bahnhöfen empfangen wir täglich rund 21 Millionen Reisende und Besucher und heißen diese als Deutschlands größter Gastgeber willkommen. Unsere Aufgabe umfasst sowohl den Bau und Betrieb als auch die Instandhaltung und Entwicklung von Personenbahnhöfen. Pro Tag hält über 400.000-mal ein Zug [...] an einem unserer Bahnsteige. Um die Angebote für den Nah- und Fernverkehr stetig zu verbessern und den Wohlfühlfaktor für die Reisenden auszubauen, orientieren wir uns stets unter Berücksichtigung der verkehrlichen Nachfrage und der baulichen Voraussetzungen an den Interessen und Bedürfnissen unserer Reisenden sowie unserer Geschäftskunden.«[102]

Was unausgesprochen im Hintergrund dieser werbenden Aussage steckt, erweist sich als entschieden weniger wohlfühlig. Für Eisenbahnerinnen und Eisenbahner besteht ein Bahnhof anders als ein Haltepunkt aus mindestens einer Weiche, sodass Züge beginnen, enden, wenden, ausweichen oder rangiert werden können. Er ist unabhängig von seiner Erscheinungsform immer auch ein Ort des Wartens. Eine früher selbstverständliche Errungenschaft ließ daran keinen Zweifel: der Wartesaal. In ihm mussten die Reisenden im 19. Jahrhundert so lange ausharren, bis die Türen zu den Bahnsteigen geöffnet wurden und den Weg zu den dort abfahrtbereiten Zügen freigaben.

In den verbliebenen kleinstädtischen und ländlichen Bahnhöfen suchen Reisende heutzutage komfortable Aufenthaltsräume vergebens, geboten wird häufig nur rudimentärer Komfort durch einige an die Wand gedübelte Maschendrahtsitze und im Glücksfall ein Kiosk mit eingeschränkten Öffnungszeiten. Schlimmer noch: Da die Deutsche

Bahn zum Beispiel im Bundesland Niedersachsen lediglich 26 Empfangsgebäude auf den verbliebenen 360 Stationen unterhält, finden die meisten Reisenden und Pendlerinnen und Pendler Zustände vor, über die ihre Vorfahren nur den Kopf schütteln würden. Heute können Fahrgäste, wie Michael Schimek schreibt, »nicht mehr geschützt vor den Unbilden der Witterung in geschlossenen und während der kalten Jahreszeit beheizten Räumen [...] auf ihren Zug warten, sondern sie müssen jenseits eines solchen Komforts meist stehend mit mehr oder weniger durchdesignten, aber dennoch zugigen Pavillons, Unterständen und Vordächern vorlieb- und eine dabei etwaig zugezogene Erkältung in Kauf nehmen«.[103]

Und was ist von den in den fünfzehn stark frequentierten deutschen Hauptbahnhöfen vorfindbaren DB-Lounges zu halten? Sie berufen sich schließlich mit »eleganten Sitzlandschaften, stilvollem Ambiente und aufmerksamem Service« auf die Tradition der einst komfortabel ausgestatteten Wartesäle. In den Genuss der DB-Lounge kommen selbst bei großen Verspätungen und verpassten Anschlüssen jedoch nur Reisende erster Klasse und bestimmte Bahnbonus-Teilnehmer. Sie müssen jedenfalls Nutzungsbedingungen erfüllen, die an die vermeintlich überkommene Klassengesellschaft erinnern: »Zu den Premium Bereichen der DB Lounges Berlin, München, Köln, Hamburg und Frankfurt Hbf haben ausschließlich Statuskund:innen mit gültigem Statuslevel Platin in Verbindung mit einem DB Fernverkehrsticket, Inhaber:innen einer BahnCard 100 1. Klasse sowie Reisende mit einer Fernverkehrsfahrkarte 1. Klasse im Tarif Flexpreis (ausgenommen sind Fahrkarten mit Start und Ziel innerhalb der Gebiete der jeweiligen Verkehrsverbünde) Zutritt.«[104] Kein Kommentar.

Nur mehr Gegenstand wehmütiger Erinnerungen sind die nicht nur den Körper wärmenden ländlichen Bahnhofsgaststätten mit ihrem Ausschank auch geistiger Getränke. Sie sind fast sämtlich geschlossen worden oder werden – in letzter Minute von rührigen Vereinen und Bürgerinitiativen vor dem Abriss bewahrt – nun für andere Zwecke genutzt.

Von Anfang 1999 bis Ende 2023 betrieb die Bahn-Tochter DB Station & Service AG nach betriebswirtschaftlich-gewinnorientierten Maximen die Welt der deutschen Bahnhöfe, die sie im Laufe der Zeit immer mehr verwahrlosen ließ (seit 2024: DB InfraGO AG). Von den rund 5700 Bahnstationen in Deutschland gehören – einschließlich der Haltestellen und Haltepunkte – gegenwärtig 5400 der Deutschen Bahn AG, also eine ganze Menge. Davon fungieren rund 2300 Stationen als klassische Bahnhöfe.[105] Von den teils prächtigen Empfangsgebäuden sind bereits rund 1600 an Kommunen, Investoren, Vereine und Privatleute verkauft worden. Viele dieser Bauten sind inzwischen in einem desolaten Zustand und verrotten zum Teil, da sie sich in Deutschland bis 2024 grundsätzlich eigenwirtschaftlich finanzieren mussten und Investitionen in sie – wenn überhaupt – nur in geringem Umfang öffentlich gefördert wurden. Durch die Novelle des Bundesschienenwegeausbaugesetzes (BSWAG) gehören sie inzwischen zur Eisenbahninfrastruktur. Daher darf der Bund deren Instandhaltung künftig mitfinanzieren.[106]

Der laufende Betrieb der Bahnstationen an sich wird in erster Linie durch das Stationsentgelt finanziert, das von den Eisenbahnunternehmen für jeden Halt an einem Bahnhof oder Haltepunkt zu entrichten ist. Bei der Bildung der von der Bundesnetzagentur jeweils genehmigten Stationsentgelte wird zwischen Verkehrsleistungen des SPFV und SPNV unterschieden. Zusätzlich gibt es eine gesonderte Entgeltliste für die Nutzung von »Fahrausweisautomatenaufstellflächen« und die Änderungen zu Fahrplanaushängen. Die Investitionen in den Erhalt, Aus- und Neubau der Bahnstationen (ohne Empfangsgebäude) werden teils vom Bund und den Ländern öffentlich gefördert, teils aus Eigenmitteln der neu formierten Infrastrukturgesellschaft DB InfraGO AG finanziert.

Die Mutter Deutsche Bahn AG hat seit 1994 diverse Töchter und die wiederum haben zahlreiche Unternehmen, von denen viele nach Einnahmequellen suchen. Darunter gibt es diejenigen, die die Bahnstationen betreiben, und diejenigen, die Grundstücke und Immobilien wie die Empfangsgebäude verkaufen, um Erlöse zu erzielen. Das passt mangels integrierter Zusammenarbeit bis heute nicht zusammen und dürfte allem Anschein nach ohne einen nachhaltigen Umbau der DB AG zu einer nicht profitorientierten, gemeinnützigen Eisenbahn auch künftig nicht funktionieren. An Berichten und Belegen, dass in dem Deutsche-Bahn-Geflecht eine Hand nicht weiß oder wissen will, was die andere tut, mangelt es jedenfalls nicht.[107] Die Ansage lautet gerade:

> *Sie kennen das: Kaum kommt man in die große Stadt,*
> *sind keine Parkplätze mehr frei. Unser Gleis ist belegt.*

Reines Desaster: Stuttgart 21

Kurz vor dem Millennium warb in der Eingangshalle des Stuttgarter Hauptbahnhofs die gerade aus der Taufe gehobene Deutsche Bahn AG für den quer- und tiefgelegten unterirdischen Bahnhof *Stuttgart 21*. Das als ökonomisch und ökologisch (!) sinnvoll vermarktete Prestigeprojekt sollte den gesamten Bahnknotenpunkt Stuttgart neu organisieren und kürzere Umstiege sowie mehr Verbindungen ermöglichen.

Das 1994 der Öffentlichkeit vorgestellte ambitionierte Projekt stieß umgehend auf umfangreiche öffentliche Kritik und heftigen Widerstand von Umwelt- und Verkehrsverbänden.[108] Dennoch wurde 2007 ein Bürgerbegehren gegen das Projekt abgelehnt und entschied sich im November 2011 in einer Volksabstimmung eine Mehrheit in Baden-Württemberg für die Aufrechterhaltung der Landesbeteiligung an der Finanzierung.[109] Seitdem schreiten die Bauarbeiten voran, treten immer neue ingenieurtechnische und geologische Probleme auf, laufen die Kosten aus dem Gleis.[110]

Das Gemeinschaftsprojekt *Stuttgart 21* umfasst die komplette Neuordnung des städtischen Bahnknotens. Dafür entstehen viele neue Bauten, Tunnelröhren, Brücken, Bahnstationen und ein Fernbahnhof am Flughafen. Beschlossen wurde es 2009 mit dem Finanzierungsvertrag von Deutscher Bahn AG, der Bundesrepublik, dem Land Baden-Württemberg, der Landeshauptstadt Stuttgart, dem Verband Region Stuttgart und der Flughafen Stuttgart GmbH. Im Frühjahr 2024 waren Teile der Tunnelstrecken und des Tiefbahnhofs im Rohbau errichtet und die 2009 prognostizierten Gesamtkosten von 4,5 Milliarden Euro heftig überschritten. Die DB AG, die offiziell Bauherr des Bahnhofprojekts ist, beziffert sie inzwischen auf rund 11 Milliarden Euro – nebst einem zusätzlichen Puffer von 500 Millionen Euro. Da aufgrund zahlreicher gravierender Mängel weitere Tunnelbauten von zwanzig Kilometer Länge hinzukommen sollen, dürfte der unabsehbare Mehraufwand noch erheblich sein.

Aus dem früher gut funktionierenden Bahnknoten Stuttgart mit dem Kopfbahnhof entsteht durch das *S21*-Projekt ein überaus gefährliches Gebilde mit einem desaströsen Kapazitätsengpass. Der neue Tiefbahnhof ist in einem Talkessel in einem schmalen Betontrog im Gefälle mit acht Gleisen angelegt. Die Züge müssen ihn durch lange und für Eisenbahnen ungewöhnlich steile Tunnel anfahren, denn die Haltestation selbst liegt in zwölf Meter Tiefe. Über und unter ihr haben die S- und U-Bahnen ihre Gleise. Der für Fahrgäste etwa bei einem Feuerausbruch nicht wirklich sicher scheinende *S21*-Bahnhof ist für den künftig vorgesehenen Deutschlandtakt offenbar viel zu eng dimensioniert und folglich ungeeignet.

»Der Digitale Knoten Stuttgart setzt Maßstäbe für die Digitalisierung der Eisenbahn in Deutschland«, verkündet ein Schaubild und wirbt damit, dass *S21* ohne Lichtsignale auskommt. Allerdings gibt es Lieferschwierigkeiten ausgerechnet bei der digitalen Sicherungstechnik, die für die Abfertigung von mehr Zügen und Passagieren benötigt wird. Ganz zu schweigen davon, dass die Züge des Fern- und Regionalverkehrs bei der Nutzung des Tiefbahnhofs mit dem digitalen Zugsicherungssystem ETCS ausgestattet sein müssen. An der falschen Dimensionierung wird im Übrigen auch die geplante Digitalisierung nichts wirklich ändern.

Stuttgart 21 dürfte ausweislich der inzwischen mehr als 700 Montagsdemonstrationen mit teils mehreren Tausend Projektgegnerinnen und -gegnern weiterhin die Gemüter erhitzen. An kritischen Darstellungen in den Medien über das nicht angemessen dimensionierte, fehlgeplante und ruinös verlaufende Tiefbahnhofprojekt mangelt es wahrlich nicht, weshalb dieses Kapitel kurz gehalten ist. Einen aktuellen Stand des Dramas bietet online das Aktionsbündnis gegen *Stuttgart 21*.[111]

Der Hinweis, wie folgenreich und irrwitzig sich die Deutsche Bahn AG mit *Stuttgart 21* verhoben hat – und das zum Schaden vieler wirklich dringlicher Baumaßnahmen – stellte sich jüngst vor Gericht heraus. Nachdem sich die Kosten erkennbar verdoppelt hatten, klagten im Dezember 2016 mehrere Gesellschaften der Deutschen Bahn AG vor Gericht gegen das Land Baden-Württemberg, die Stadt Stuttgart, den Verband Region Stuttgart und den Flughafen Stuttgart, weil sie den zusätzlichen Milliardenbetrag nicht allein tragen wollten. Die Kläger gehen davon aus, dass sich die Projektpartner der Bahn zu einer Übernahme eventuell auftretender Mehrkosten im Finanzierungsvertrag verpflichtet haben, die über den darin enthaltenen Maximalbetrag von 4,526 Milliarden Euro hinausgehen.

Im Mai 2024 wies das Verwaltungsgericht in Stuttgart die Klagen der Bahn gegen ihre *S21*-Projektpartner in vollem Umfang ab und ließ keine Berufung zu. Allerdings meinte der Richter, das Verfahren würde sicherlich durch weitere Instanzen gehen und weitere Jahre dauern. Schließlich kann die Bahn innerhalb eines Monats nach Zustellung des schriftlichen Urteils einen Antrag auf Zulassung der Berufung beim Verwaltungsgerichtshof in Mannheim stellen, der in anderen Bundesländern dem Oberverwaltungsgericht entspricht.[112] Da der Bahnkonzern die Milliarden an Mehrkosten keinesfalls aus der eigenen Tasche zu entrichten gedenkt, werden folglich weiterhin zahlreiche Rechtsanwälte Rechnungen sowie Richter Begründungen schreiben, bis die letzte Instanz schließlich unanfechtbar bestimmt hat, ob es eine oder keine gemeinsame Finanzierungsverantwortung aller Projektpartner gibt. Auffällig ist im Übrigen, dass der Finanzierungsvertrag für das Riesenprojekt *S21* ungewöhnlich vage gestaltet ist.[113]

Die für 2021 vorgesehene Inbetriebnahme von *Stuttgart 21* kommt aufgrund der Digitalisierungs- und anderer Malaisen wohl noch nicht einmal Ende 2026 zustande, wie die Bahn Glauben macht. Heftig verspätet sind in der Bundesrepublik folglich nicht nur die Züge. Bis zur Eröffnung oder auch nur Teilinbetriebnahme des teuersten und unsinnigsten deutschen Durchfahrtbahnhofs aller Zeiten wird zweifellos noch einige Zeit ins baden-württembergische Ländle gehen. Der Projektname *Stuttgart 21* ist längst der Inbegriff für einen Flop ersten Grades geworden, zum Synonym für einen Blick in den Abwasserkanal, durch den gerade ein unfassbar großes Vermögen fortgespült wird. Die Durchsage mahnt:

> *Jeder Fahrgast muss vor Reiseantritt im Besitz*
> *einer gültigen Fahrkarte sein.*

Bequemlichkeiten ade

»Reisen Sie günstig mit unseren Spar-, Flex- und Normalpreisen durch Deutschland«, verspricht die Deutsche Bahn. Ich belasse es bei dem Hinweis, dass ein simples und leicht verständliches Tarifsystem offenbar nicht zur Kernkompetenz des Bahnmanagements gehört. Dadurch, dass in jeder Ticketkategorie die Preise »dynamisch gestaltet« sind, kann zwar jede Person, die frühzeitig bucht, Geld sparen. Der Bahn aber geht es nach eigener Darstellung vor allem darum, die Auslastung der Züge besser zu steuern.

Die Fahrkartenausgabe war bis zu Beginn der 1990er Jahre die Domäne von Schalterbeamten. In der Folgezeit ersetzten erst im Nahverkehr und dann auch im Fernverkehr Automaten die Bediensteten. Heute dominieren sie im kleinstädtischen und ländlichen Bereich ebenso – noch – das Geschehen wie auf den Hauptbahnhöfen, wobei in den Großstadtstationen der Fahrkartenkauf in zumeist überlaufenen Reisecentern bis jetzt möglich ist. Nach eigenen Angaben verkauft die Deutsche Bahn bereits 90 Prozent ihrer Fernverkehrstickets über digitale Kanäle.[114] Ein unkomplizierter Zugang zu gültigen Fahrkarten steht schon deshalb nicht auf dem Aufgabenzettel der Zuständigen. (Das 49-Euro-Ticket beweist, dass es besser geht, dazu später mehr.)

Nicht zufällig bietet die Deutsche Bahn im Internet die Suche eines »DB-Automaten in Ihrer Nähe« an: »Geben Sie einfach die gewünschte Stadt oder Postleitzahl ein.« Es fehlt auch nicht der Hinweis: »Bitte beachten Sie, dass es zu kurzfristigen Abweichungen der Automatenstandortliste kommen kann, bedingt durch den Abbau von Automaten infolge von Vandalismusschäden. Einen Hinweis auf die nächstgelegene Verkaufsstelle finden Sie vor Ort.« Gegen die viel beklagten Tücken der Automatentechnik helfen generell nur Geduld und ausreichend Zeit. Fahrgäste, denen es trotz aller Mühen nicht gelingt, eine Fahrkarte am Automaten zu lösen oder die nicht den richtigen Automaten aufsuchen, also genau den des die gewünschte Linie bedienenden Eisenbahnunternehmens, haben ein Problem. Denn im Zug kann keine Fahrkarte nachgelöst werden. O-Ton DB: »Jeder Fahrgast muss vor Reiseantritt im Besitz einer gültigen Fahrkarte sein – Nachlösen im Zug ist dann nicht mehr möglich. So haben unsere Zugbegleiter mehr Zeit, Sie zu betreuen und mit Informationen zu versorgen.«

Tatsächlich gibt es eine Ausnahme, die jedoch mit grotesk viel Aufwand verbunden ist: »Ist weder ein funktionierender Automat noch ein Reisezentrum vorhanden, notieren Sie sich die Automatennummer(n). Machen Sie gerne ein Foto von dem kaputten Automaten, wenn Sie ein Handy mit Kamerafunktion dabeihaben. [...] Alternativ können Sie sich auch an unser Social Media Team auf Facebook und Twitter wenden und dort die Störung mit Automatennummer und gegebenenfalls mit Bild mitteilen.«[115]

Ein Blick in einen IC oder ICE reicht heutzutage, um die Eisenbahn als das zu erkennen, was dieses Fortbewegungsmittel für bestimmte Berufsgruppen in hohem Maße ist: das fast perfekte Verbindungsbüro zwischen Wohnort und Arbeitsplatz, genauer gesagt Dienstort. Ich könnte auch von arbeitsbedingter Mobilität sprechen, jedenfalls sind immer mehr Menschen aufgrund ihrer Erwerbstätigkeit regelmäßig räumlich mobil. Pendelten im Jahr 2000 schon mehr als 50 Prozent aller sozialversicherungspflichtigen Arbeitnehmer über Gemeindegrenzen hinweg, so sind es gegenwärtig bereits mehr als 60 Prozent. Fast die Hälfte von ihnen hat einen täglichen Arbeitsweg von mehr als einer Stunde. Obwohl aus medizinischer Sicht die tägliche Pendelei für das körperliche und psychische Wohlbefinden abträglich ist.[116] Die räumliche und funktionale Trennung von Wohn- und Arbeitsplätzen schreitet hierzulande aus vielen Gründen voran, nicht zuletzt wegen der Mobilität einfordernden und erzwingenden Wirtschaft und dem Mangel an bezahlbarem Wohnraum in den Großstädten bzw. Oberzentren. Generell wird tägliches oder wöchentliches Pendeln als Arrangement gewählt, um familiären Ansprüchen gerecht zu werden und nicht zum Wohnortwechsel gezwungen zu sein.

In der schönen Literatur gibt es den bereits erwähnten Roman *Fliegen* über Obdach und Würde, in dem eine Frau auf gleichsam unendlicher Zugreise ist. Sie hat eine Bahncard 100 und eine Tasche mit persönlichen Dingen dabei und lebt in den Großraumabteilen von ICEs, ICs und ECs. Die Wohnung, der Beruf und der Ehemann sind nur noch eine Erinnerung.[117]

Spazierte, als sie wach war, selbst durch den ICE 945. Blieb im grauen Gummi zwischen den Wagen stehen, in den Akkordeonfalten, und lauschte aufs Knarzen und Knirschen, etwas anderes als Rattern und Quietschen des Fahrens, hörte nur sie das? Die Quetschigkeit des Raums. Der Zug ist innen hohl, wie ein Instrument. Ähnelte auch dem Rauschen im Halbrund Luft, wenn man mit der gewölbten Hand das Ohr zuhält, oder sogar dem Verschwinden aus der Welt als Kind, eins hängt mit dem andern zusammen. Im EC 171 hingegen war das Akkordeon aus Stahl, der sich schreiend über- und untereinander schob, und die Quetschigkeit so ein Verschieben, und gleichzeitig spürt man und hört und sieht die Luft unter dem Zug und die Gefahr. Der ICE 945 war dicht.[118]

Leider gestalten die Deutsche Bahn und Flixtrain die Inneneinrichtung ihrer Wagen nicht so, dass die Fahrgäste bei längeren Zugfahrten wie früher bequeme Sitz- oder auch Liegegelegenheiten vorfinden – etwa ausziehbare Sitze, um sich ausstrecken zu können.[119] Offenbar geht es den Verantwortlichen aus wirtschaftlichen Erwägungen heraus beim Innendesign vor allem darum, so viele Menschen wie möglich auf so geringem Raum wie irgend realisierbar unterzubringen. So gelten zum Beispiel die doppelstöckigen Intercity-Züge des Herstellers Bombardier als »Platzwunder« der Deutschen Bahn im Fernverkehr. Zu gut deutsch: Sitzreihen und Toiletten sind enger und es gibt kein Bordrestaurant, sondern lediglich einen mobilen Service etwa »unserer Gastronomin«. Da aber das eng gedrängte Sitzen in aufrechter Position von vielen Reisenden als unangenehm empfunden wird, wenn es länger als drei bis vier Stunden dauert, könnten einschlägige Innovationen nicht schaden.

Die auf Raumeffizienz getrimmten Großraumabteile ignorieren nicht zuletzt das menschliche Bedürfnis nach Privatsphäre. Jedenfalls reisen die meisten Fahrgäste ohne Begleitung und sitzen in belegten Zügen dann auf den Sitzgruppen dicht gedrängt mit Menschen zusammen, deren Smartphone-Gespräche und andere mehr oder weniger vernehmbare Lebensäußerungen zuweilen ans Unerträgliche grenzen. Immerhin sind inzwischen Familien- und Ruhezonen eingeführt worden. Im Frühjahr 2024 präsentierte die Deutsche Bahn bei einer Messe das Modell eines Zweierabteils für mehr Privatsphäre im Fernverkehr. Sollte sich die Bahn für eine stärkere Untergliederung ihrer Waggons entscheiden, wäre das in der Tat eine Zeitenwende. Dazu merkt der Designer Andreas Bergsträßer an, der schon viele Zugeinrichtungen der DB mitentworfen hat: »Jeder Passagier bringt unterschiedliche Bedürfnisse mit, die sich besonders während langer Strecken auch ändern können. Es ist also sinnvoll, ihm eine Auswahl verschiedener Zonen anzubieten: zum Arbeiten, zum Entspannen, zum Unterhalten, zum Telefonieren. Man könnte es künftig sogar so machen, dass man für seinen Platz nur so lange zahlt, wie man ihn benötigt. Die kleine Kabine für die halbstündige Telefonkonferenz, danach einen Drink an der Bar, später ein einfacher Sitzplatz ...«[120]

Nur zur Erinnerung: 1962 setzte die Deutsche Bundesbahn mit dem *Rheingold* ein Ausrufungszeichen in der Eisenbahngeschichte. Der Zug bestand ausschließlich aus Wagen der 1. Klasse, bot sehr großzügige Platz- wie Komfortverhältnisse und kam auf eine damals gerühmte Höchstgeschwindigkeit von 160 km/h. Zweifellos ließ es sich in den klimatisierten Großraumwagen mit den dreh- und verstellbaren Sitzen oder in den Wagen mit weich gepolsterten breiten Sitzen und Armlehnen sowie Abteilauskleidungen aus Edelholzfurnier gut aushalten.[121] Ab 1965 wurde der Zug zum Trans-Europ-Express (TEE) klassifiziert, was er bis zu seiner endgültigen Einstellung im Mai 1987 blieb.

Unverständlich ist, dass heutzutage sowohl die Deutsche Bahn als auch Flixtrain im Fernreiseverkehr die Mitnahme von Großgepäck und Fahrrädern zum Teil grotesk erschweren. So sind die früher üblichen Mehrzweck-Großgepäckabteile mittlerweile fast komplett eingespart worden. Daher muss beispielsweise eine Fahrradmitnahme auf vielen Strecken bis zu mehrere Monate im Voraus gebucht werden. Freilich sind die wenigen Stellplätze (in den ICEs nur acht pro Zugeinheit) in der wärmeren Jahreszeit ohnehin schnell ausverkauft. Bei grenzüberschreitenden Fahrten ist eine Fahrradmitnahme zudem nur schwerlich möglich, weil die Buchungssysteme nicht mitspielen. Auch im Schienenpersonennahverkehr stoßen Reisende mit Rädern immer wieder auf Probleme. Generell fehlt eine deutschlandweit einheitliche digitale Reservierungsmöglichkeit für alle Zuggattungen – wobei einige Eisenbahnunternehmen bislang gar keine anbieten. Beklagt wird nicht zuletzt das auf vielen Bahnhöfen mit vielen Umständen verbundene Ein- und Umsteigen insbesondere auch mit den schweren Elektrorädern.[122]

Die Fahrgäste erwarten von der Bahn im Grunde nichts wirklich Ungewöhnliches, aber durchaus allerhand.[123] Zum Beispiel eine flackerfreie Beleuchtung und ausreichend Steckdosen für ihre Smartphones und Laptops, leistungsfähige wie funktionierende Heizungen und Klimaanlagen, ergonomisch sinnvolle und bequeme Sitzmöbel, kindgerechte Aufenthaltsflächen und ausreichend dimensionierte Abstellbereiche für Fahrräder und größeres Gepäck, kostenloses WLAN sowie durchgängig komfortabel ausgestattete Speise-, Bistro-, Schlaf- und Liegewagen. Apropos Schlafwagen: Der grenzüberschreitende europäische Bahnverkehr hat eine lange Tradition, die bis ins 19. Jahrhundert zurückreicht. Dabei entwickelte sich durch die Kooperation der nationalstaatlichen Staatsbahnen ein hervorragendes europäisches Nachtzugnetz, das jedoch ab den 1970er Jahren durch den rasch wachsenden Auto- und Flugverkehr an Attraktivität verlor und Ende der 1980er Jahre tendenziell in den Niedergang geriet. Nachdem die Europäische Union mit den »Eisenbahnpaketen« im Schienenverkehr Wettbewerbsstrukturen eingezogen hatte, klopften die Manager der Eisenbahnunternehmen insbesondere die Nachtverkehre auf ihre Profitabilität ab.[124]

Als die Deutsche Bahn 2016 die Einstellung des Nachtzugnetzes zwischen deutschen und europäischen Städten verkündete, begründete der Vorstand das mit mangelnder Wirtschaftlichkeit. Trotz massiver Proteste wurde das Angebot der Nachtzüge eingestellt. Einen Teil der Wagen und einige der Linien übernahmen daraufhin prompt die Österreichischen Bundesbahnen (ÖBB) mit ihren Night-Jets. Angaben der ÖBB zufolge gestaltet sich das Nachtzuggeschäft rentabel, und kaum zufällig entwickelt sich der staatliche Eisenbahnkonzern unseres Nachbarlandes zum größten Nachtzuganbieter Europas. Einen guten Überblick über alle aktuell angebotenen Verbindungen bietet das Netzwerk Back-on-Track.[125] Der Zugbegleiter gibt bekannt:

Liebe Fahrgäste! Wir haben aktuell fünf Minuten Verspätung wegen amateurhaften Verhaltens beim Einstieg.

Alles aus dem Deutschlandtakt

Eine gut ausgebaute, stetig »in Schuss gehaltene« und laufend angemessen modernisierte Eisenbahninfrastruktur ist die Voraussetzung für einen sicheren und energieeffizienten Schienenverkehr, ohne dessen Allzwecktauglichkeit es schwer sein dürfte, die Klimaschutzziele zu erreichen. Im Februar 2024 beschloss der Bundestag zwar die Novelle des Bundesschienenwegeausbaugesetzes, die höhere und zügigere Investitionen in die Schiene ermöglichen soll, um das wachsende Personen- und Güterverkehrsaufkommen bewältigen zu können, das angestrebt ist. Dass die notwendigen Ausbauschritte tatsächlich rasch vorankommen, darf allerdings bezweifeln, wer Einblick in die nicht erfüllten regierungspolitischen Versprechen der jüngeren Vergangenheit hat. Etwa hinsichtlich des Baus von Oberleitungen.

Ende des Jahres 2023 waren lediglich 62 Prozent des von der DB AG betriebenen Schienennetzes in Deutschland elektrifiziert, nahm die Bundesrepublik im europäischen Durchschnitt nur einen Platz im Mittelfeld ein (das gesamte deutsche Schienennetz – einschließlich dem der Privatbahnen – hat einen Elektrifizierungsgrad von 54 Prozent).[126] Das dürfte eigentlich gar nicht sein, hatte doch bereits der im Februar 2018 vorgelegte Koalitionsvertrag zwischen CDU, CSU und SPD »eine neue Dynamik für Deutschland« in Aussicht gestellt und das Ziel vorgegeben: »Bis 2025 wollen wir 70 Prozent des Schienennetzes in Deutschland elektrifizieren. Mit einer neuen Förderinitiative wollen wir regionale Schienenstrecken elektrifizieren.«[127] 2025 werden jedoch bestenfalls 63 Prozent über Fahrdrähte verfügen – das Ziel der Großen Koalition von 2018 ist also deutlich verfehlt worden.

»Beim Bau von Oberleitungen für Bahnstrecken kommt der Bund nach Zahlen zweier Verkehrsverbände kaum voran«, hieß es im April 2024 in den Medien, und das zu einem Zeitpunkt, als der Koalitionsvertrag der Ampel auch schon drei Jahre vorlag.[128] Darin steht bekanntlich die Aussage: »Bis 2030 wollen wir 75 Prozent des Schienennetzes elektrifizieren und innovative Antriebstechnologien unterstützen.« Damit bis 2030 tatsächlich wie geplant 75 Prozent des Bundesschienennetzes elektrifiziert wären, müssten laut Experten jedoch mindestens 600 Kilometer Fahrdrähte jährlich verbaut und gespannt werden. Da im vergangenen Jahrzehnt durchschnittlich nur um die achtzig Kilometer pro Jahr hinzukamen, müsste der Ausbau also nahezu achtmal schneller vorangetrieben werden, um das schriftlich fixierte Ziel zu erreichen. »Das ist, so bedauerlich wir das finden, beim bisherigen Umsetzungsstand gänzlich unrealistisch«, ließ der Vorstand der Lobby *Allianz pro Schiene* im April 2024 wissen.

Apropos Elektrifizierung: Der Politiker Wilhelm Liebknecht verfasste im Frühjahr 1896 die Erinnerungsschrift *Karl Marx zum Gedächtnis*. Dabei ließ es sich der Mitbegründer der SPD nicht nehmen, auf die sich schon zu jener Zeit verzögernde Elektrifizierung des Schienenverkehrs hinzuweisen: »Fünfundvierzig und ein halbes Jahr sind verstrichen, und noch kein Eisenbahnzug wird von einer elektrischen Maschine getrieben. Das Bischen Straßenbahn und was sonst noch durch Elektrizität geleistet wird, will, so viel es auch scheint, doch im Ganzen betrachtet gar wenig besagen. Und es wird, trotz aller epochemachenden Entdeckungen noch einige Zeit dauern, ehe der Blitz, vollständig gezähmt, sich in das Joch der menschlichen Arbeit einspannen läßt und den König Dampf von seinem Thron stößt. Revolutionen vollziehen sich nicht im Handumdrehen. Das thun blos die politischen Spektakelstücke, die der wunderselige Köhlerglaube so nennt. Und wer die Revolutionen prophezeit, irrt regelmäßig im Datum.«[129]

Die »Elektrifizierung« der deutschen Eisenbahn kam in der ersten Hälfte des 20. Jahrhunderts so gut wie gar nicht voran. Zwar fehlte es gewiss nicht an Wissen und Technik, aber eben – kriegs- und wirtschaftskrisenbedingt – am Willen und dafür nötigen großen Geld. 1929 hatte die zu Reparationszahlungen gezwungene Reichsbahn erst 3 Prozent des Netzes elektrifiziert, die Schweizer Bundesbahnen dagegen bereits knapp 60 Prozent ihrer Strecken. Wenn Wilhelm Liebknecht geahnt hätte, dass 130 Jahre später im reichen Deutschland lediglich 62 Prozent der Schienenwege elektrifiziert sein würden, hätte er die Genossinnen und Genossen wohl ungläubig nach den Gründen für die enorme Verspätung der Revolution befragt.[130]

Bislang haben Regierung und Deutsche Bahn AG großes Klimaschutzpotenzial schlicht ungenutzt gelassen. So fahren die Züge in die Nachbarländer lediglich an 28 der 57 Grenz-Schienenübergänge elektrisch, was insbesondere den europäischen Schienengüterverkehr ausbremst. Um deutlich mehr internationale Transporte von den fossil angetriebenen Gigalinern auf Güterwaggons verlagern zu können, ist die beschleunigte Elektrifizierung zweifellos sinnvoll.

Wie hieß es nicht gleich im Koalitionsvertrag der Ampel? – »Die Digitalisierung von Fahrzeugen und Strecken werden wir prioritär vorantreiben.« Und geschieht das auch? Zur Einstimmung: Mitte der 1980er Jahre starteten der Internationale Eisenbahnverband (UIC) und das European Rail Research Institute (ERRI) Untersuchungen, um mit dem European Rail Traffic Management System (ERTMS) ein einheitliches Betriebsführungskonzept für Eisenbahnen zu entwickeln. Da im vielsprachigen Europa noch vierzehn nicht kompatible Zugbeeinflussungssysteme eingesetzt sind sowie fünf unterschiedliche Stromsysteme, mehrere Kupplungsarten und diverse Funk- und Kommunikationssysteme, soll ERTMS Abhilfe schaffen. Darin enthalten ist das European Train Control System (ETCS), das die automatische Beeinflussung von Zügen ermöglicht. Es wird seit 2002 durch EU-Recht für neue transeuropäische Hochgeschwindigkeitsstrecken, seit 2006 für Ausbaustrecken und seit 2016 für das konventionelle transeuropäische Eisenbahnnetz vorgeschrieben.[131]

Gegenwärtig müssen erstmals in Betrieb genommene Eisenbahntriebfahrzeuge und Steuerwagen grundsätzlich mit ETCS-Fahrzeuggeräten ausgerüstet sein (ausgenommen beispielsweise Bau- und Instandhaltungsfahrzeuge und neue Rangierlokomotiven). Hochgeschwindigkeitszüge sind bei Neuausrüstungen oder Umrüstungen der Zugbeeinflussungssysteme zwingend mit ETCS auszurüsten. Zu den wesentlichen Komponenten von ETCS gehören die sogenannten Balisen. Dabei handelt es sich um punktförmige Datenübertragungseinrichtungen im Gleis. Sie verorten die Fahrzeuge, lesen Geschwindigkeit und anderes mehr ab und übermitteln die Daten an andere Züge. Zugführer, denen bislang durch Fahrdienstleister per Funk mitgeteilt wird, wann sie bremsen sollen, und denen Signale zeigen, ob ein Streckenabschnitt belegt ist oder sie bereits in den Bahnhof einfahren dürfen, wissen durch die digitale Information viel schneller, was zu tun ist. Zudem ist ein deutlich kürzerer Abstand zwischen den Zügen möglich. Daher können auf dem Gleis mehr Züge als heute unterwegs sein.

Die ETCS-Infrastruktur bildet zugleich die Grundlage für den absehbar wachsenden automatischen Zugbetrieb. Wie dies im Alltag funktionieren würde, demonstriert die größte Modelleisenbahn der Welt im Hamburger Miniatur Wunderland. Dort fahren mehr als 1230 computergesteuerte Züge mit über 12.000 Waggons so gut wie unfallfrei über mehr als 1400 Signale und 3600 Weichen ...[132]

Das Bundesministerium für Verkehr und digitale Infrastruktur (BMDV) beabsichtigt, bis zum Jahr 2040 das gesamte bundeseigene Schienennetz mit ETCS und digitalen Stellwerken auszurüsten. Die Kosten für die »Digitale Schiene Deutschland« wurden 2018 auf rund 32 Milliarden Euro – einschließlich der Ausstattung des rollenden

Materials – geschätzt. Das BMDV hatte diese Prognosen 2023 vorsichtshalber noch nicht fortgeschrieben. Tatsächlich verläuft die Digitalisierung des bundeseigenen Schienennetzes aufgrund der zögerlichen Vorgehensweise der DB seit Jahren sehr schleppend. Bis Ende Februar 2023 waren nur 1,6 Prozent mit ETCS aufgerüstet. Der Bund stellt zwar Jahr für Jahr dafür Budget bereit, bis Ende 2022 blieb das bewilligte Geld, wie der Rechnungshof ernüchtert notierte, jedoch weitgehend ungenutzt.[133] Übrigens sind das Eisenbahnnetz in Luxemburg und das Normalspurnetz der Schweiz bereits fast vollständig mit ETCS versehen.

Große Einigkeit besteht bei den Bahnexpertinnen und -experten bezüglich der dringlichen Digitalisierung und nicht minder der Umsetzung des Deutschlandtakts. Mit ihm würden die Fahrzeiten auf vielen Strecken verkürzt und die Anschlüsse in den Knotenbahnhöfen so optimiert, dass ein schneller Umstieg mit wenig Zeitaufwand zustande käme, heißt es. Die Vorstellung, dass Züge hochfrequent und verlässlich immer zur gleichen Minute etwa in den Knoten Berlin, Frankfurt, Hamburg, Köln und München ankommen und zur vollen oder sogar halben Stunde den Bahnhof wieder verlassen, hat etwas Bestechendes. In der Schweiz mit ihrem schon lange funktionierenden Taktfahrplan haben die Fahrgäste die An- und Abfahrtszeiten bereits so verinnerlicht, dass sie keinen Fahrplan mehr benötigen.[134]

Hierzulande heißt es zwar hochtönend: »Der Deutschlandtakt macht die Bahn zum Verkehrsmittel der Zukunft, von dem ein ganzes Land profitiert: Menschen. Wirtschaft. Und Umwelt.«[135] Der D-Takt wird jedoch nur dann funktionieren können, wenn die Bahnen in Deutschland erheblich zuverlässiger fahren. Der große Vorteil besteht schließlich in den knappen Übergangszeiten zwischen den Zügen – die bei den heutigen Verspätungen jedoch noch viel häufiger als bisher schon zu verpassten Anschlüssen und verlängerten Wartezeiten führen würden.

Ohne drastische Änderungen der Bahnpolitik werden pünktliche Züge und verlässliche Umsteigeverbindungen wohl nicht zustande kommen. Zum einen hapert es erheblich an der Digitalisierung des Netzes, damit die Züge mit kürzeren Abständen fahren und die Trassen effektiver nutzen können. Zum anderen versickern die ohnehin zu geringen Bahninvestitionen in diversen grotesk übertreuerten Tiefbahnhof-, Tunnel- und Streckenbauprojekten. Dazu zählen etwa *Stuttgart 21*, das Bahnhofsverlagerungsprojekt Hamburg-Altona, die zweite S-Bahn-Stammstrecke München, der Fernbahntunnel Frankfurt und nicht zuletzt die Pläne zur Verlagerung des Kölner Hauptbahnhofs.

Das Vorbild Schweiz, in der ein Integraler Taktfahrplan (ITF) den öffentlichen Verkehr seit Langem sehr attraktiv macht, stieß hierzulande im Verkehrsministerium lange auf Ignoranz. Ab 2018 sorgte schließlich das Schweizer Unternehmen SMA mit praktizierbaren Zielfahrplanentwürfen für einen Sinneswandel. 2021 entwickelte es eine Liste von 181 absolut notwendigen Baumaßnahmen am Schienennetz, deren Kosten zu jener Zeit auf 48,5 Milliarden Euro beziffert wurden.[136] Als Teil des Bundesschienenwegeausbaugesetzes genießt das Projekt auf dem Papier zwar »vordringlichen Bedarf«, in der Praxis aber ist es nachrangig. Denn obwohl auch die Parteien der Ampel im Koalitionsvertrag versprachen: »Wir werden die Umsetzung eines Deutschlandtaktes infrastrukturell, finanziell, organisatorisch, eisenbahnrechtlich und europarechtskonform absichern«, geriet dessen Planung bald darauf wahrlich aus dem Takt. So statuierte im März 2023 der Beauftragte der Bundesregierung für den Schienenverkehr, Michael Theurer, die für 2030 geplante Umsetzung des Taktfahrplans werde tatsächlich erst »in den nächsten 50 Jahren als Jahrhundertprojekt umgesetzt«, schließlich sei doch »immer völlig klar gewesen, dass das Jahrzehnte dauert«. Und der FDP-Politiker fügte hinzu, das Bundesverkehrsministerium arbeite jedoch an einer Beschleunigung des Projekts, das rund 50 bis 60 Milliarden Euro koste.[137]

Den Regierenden in Deutschland fehlt der ernsthafte politische Wille, den Schienenverkehr wie in der Schweiz zum Rückgrat eines attraktiven öffentlichen Verkehrssystems zu entwickeln und damit zugleich dem Klimaschutz zu dienen. Worin im Einzelnen die großen Herausforderungen bei der Umsetzung des D-Takts liegen, hat der Informatiker und Bahnexperte Wolfgang Hesse minutiös herausgearbeitet und resümiert: »Die Zielfahrpläne für den Deutschlandtakt bedürfen dringend der Revision. [...] Verlässlichkeit, Pünktlichkeit und weiträumige Erreichbarkeit sollten Vorrang vor übertriebenen Hochgeschwindigkeitszielen erhalten.«

Hesse kritisiert besonders die »zu eng ausgelegten Fahrplan-Konstrukte« sowie die Großprojekte der Deutschen Bahn »mit ihren extrem langen Tunnelstrecken und Betonpisten«. Denn sie führen seines Erachtens »die beabsichtigte klimaverträgliche Ausrichtung des Verkehrs ad absurdum«. Als herausragende »Negativbeispiele« nennt der Experte die »300-km/h-Neubaustrecken, die sogenannten Ergänzungsbauten zur Kaschierung der Defizite in Stuttgart, den in Hamburg geplanten zweiten S-Bahn-Innenstadttunnel sowie den neuen Tiefbahnhof in Frankfurt (Main)«. Und zwar schon deshalb, weil der

Bau eines Gleiskilometers unter der Erde mindestens »so viel Treibhausgas wie 26.000 Pkw im Jahr« erzeugt.[138]

Dass statt der geplanten Großprojekte künftig auf vergleichsweise preiswertere und klimaschonendere Vorhaben wie den Bau von Überholgleisen und zweigleisigen Trassen, die schnellere Elektrifizierung und die Anlage neuer Bahnsteige gesetzt wird, scheint unwahrscheinlich. Sie aber sind für die notwendige Ausweitung der Kapazitäten im Netz notwendig. Im Übrigen wird regierungspolitisch bislang nicht von der wettbewerblichen Maxime abgewichen, dass jedes Eisenbahnverkehrsunternehmen Trassen buchen und Züge quasi ganz nach Gusto fahren lassen kann. Nicht die beste Voraussetzung für einen integralen Taktfahrplan, so scheint es. Vor allem aber werden deutlich mehr finanzielle Mittel für die Schiene benötigt als von der Ampelregierung vorgesehen.

Aus dem Takt geraten sind allemal die vom Bund gewährten Steuergelder. Für 2024 hatte die Deutsche Bahn AG einen zusätzlichen Investitionsbedarf in Höhe von rund 45 Milliarden Euro für die geplante Generalsanierung bis zum Jahr 2027 angemeldet, eine Summe, die der Koalitionsausschuss 2023 auch bewilligt hatte. Viele Milliarden davon sollten aus dem Klima- und Transformationsfonds fließen. Da das Verfassungsgerichtsurteil von Ende 2023 diesen Plan vereitelte, gewährte der Bund der Deutschen Bahn schließlich rund 27 Milliarden Euro, die in den nächsten vier Jahren in die Schiene fließen sollen. Zwar erhielt die Konzernholding DB AG 2024 rund 5,5 Milliarden Euro für die Erhöhung des Eigenkapitals der DB InfraGO (am 31. Dezember 2023 waren das 14,36 Milliarden Euro), die Mittel blieben insgesamt jedoch weit unter dem Investitionsbedarf – die Budgetlücke bis 2027 hat ein Ausmaß von mehr als 15 Milliarden Euro. Daran ändern auch die so vielversprechend wirkenden Meldungen wie diese nichts: »Die Investitionen von DB, Bund und Ländern summieren sich allein 2024 auf 16,4 Milliarden Euro.«[139] Gekürzt wurden die Baukostenzuschüsse für den Neu- und Ausbau und die Elektrifizierung der Schiene, wofür 2024 rund 320 Millionen Euro weniger zur Verfügung stehen, und die Digitalisierung, deren Haushaltsposition statt um rund 700 Millionen nur um 445 Millionen Euro anwuchs. Dass durch diese Kürzungen der ohnehin geringe planmäßige Zuwachs um nicht einmal 1,5 Prozent im Schienennetz des Bundes bis 2030 eine Fiktion bleiben dürfte, liegt nahe ...[140]

Bei den wegen großer Finanzierungslücken von Streitereien geprägten Koalitionsverhandlungen um den Haushalt 2025 blieb Mitte 2024 noch unklar, woher die für den Schienenverkehr vorgesehenen mehr als 15 Milliarden Euro überhaupt kommen sollen. Zudem gab es im Hinblick auf die verfassungsrechtliche Schuldenbremse in der Ampel Auseinandersetzungen darüber, wie das Geld für die DB AG möglichst gesetzeskonform bereitgestellt werden kann. Im August einigte sich die Koalition auf einen Haushaltsentwurf für 2025, der statt der eigentlich vorgesehenen Zuschüsse eine zusätzliche Eigenkapitalerhöhung bei der DB InfraGO AG im Umfang von 4,5 Milliarden Euro vorsieht. Da nun prinzipiell mit jeder Erhöhung des Eigenkapitals für Investitionen in die Infrastruktur die Kosten für die Abschreibung auf die Trassenpreise aufgeschlagen werden müssen, drohen auch nach 2025 steigende Preise im Schienenverkehr. Dazu später mehr.

Weil die Verkehrsmenge in den kommenden Jahren steigen soll und durch Errungenschaften wie das preiswerte Deutschlandticket wohl auch zulegen wird, ist der Ausbau des Schienennetzes zwar dringend nötig. Allerdings konzentrieren sich Regierung und Bahn mangels ausreichender finanzieller Mittel gegenwärtig ausschließlich auf die Generalsanierung des bestehenden Netzes. Finanziell wirklich abgesichert sind jedoch nur die Generalsanierungsmaßnahmen bis einschließlich 2027. Wie es dann weitergeht, ist ungewiss. Aus dem Lautsprecher schallt:

> *Der IC morgen früh fällt leider aus,*
> *der Lokführer ist krank, und es beginnt der Streik.*

Streiks machen Bahn-Sinn

Die Durchsagen auf den Bahnsteigen verraten mehr über die Deutsche Bahn, als dem Konzern lieb sein kann. Da geht es um »Verzögerungen im Betriebsablauf«, um eine »verspätete Bereitstellung«, um eine »Weichenstörung« oder »Stellwerksstörung«. Die Deutsche Bahn präsentiert sich dieser Tage als chronisch unzuverlässiges Massenverkehrsmittel, dem nach Angaben des Lobbyverbandes *Allianz pro Schiene* inzwischen 5000 bis 10.000 zusätzliche Lokführerinnen und -führer fehlen. Und die, die noch für die DB fahren, vermerken erbost, die »Bahn werde kaputtgespart« und sie und die Zugbegleiterinnen und -begleiter müssten es »ausbaden«. Schichtdienst ist sehr anstrengend, zudem kommen viele von ihnen monatlich auf gut vierzig Überstunden. Was Wunder, dass die Mitarbeitenden auf die in der Metallindustrie längst übliche 35-Stunden-Woche setzen, um zumindest »einen Tag mehr Ruhe« und mehr Zeit für die Familie zu haben.[141]

Im Herbst und Winter 2023/2024 fand der längste und außergewöhnlich hart geführte Tarifkampf zwischen der Gewerkschaft Deutscher Lokomotivführer (GDL) und der Deutschen Bahn statt. Da die DB die von der Gewerkschaft geforderte 35-Stunden-Woche bei vollem Lohnausgleich für Schichtarbeitende – für Lokführerinnen und -führer und das Zugbegleit- und Bordbistro-Personal – sowie zwei zusammenhängende freie Tage zwischen zwei Schichten zunächst strikt ablehnte, gab es während der fünfmonatigen Verhandlungen sechs Streiks. Hinzu kamen ein gescheiterter Vermittlungsversuch und mehrere gerichtliche Auseinandersetzungen zum Vorteil der GDL. Zuvor hatte die Gewerkschaft mit 28 nicht bundeseigenen Eisenbahnunternehmen bereits die 35-Stunden-Woche vereinbart, und die DB AG musste sich fragen, ob sie die Personalnot tatsächlich mit dauerhaft schlechteren Arbeitsbedingungen als denen der Mitbewerber zu beheben vermag.

Die von der GDL mehrfach durchgeführten harten Streiks empfanden einige Millionen der alternativlos auf die Eisenbahn angewiesenen Menschen im Lande als Tortur und Schikane ersten Grades – nicht zuletzt die Pendlerinnen und Pendler, die klimabewusst vom Auto abgelassen und sich der Bahn zugewendet hatten. Typischerweise nannte Verkehrsminister Volker Wissing die Streiks »inakzeptabel«, während der Bundesverband der Industrie vor »Produktionsausfällen, Drosselungen und Stillständen in der Industrie« warnte. Die Wirtschaftsunternehmen, denen durch den Ausfall der Züge »Kollateralschäden« in mindestens zweistelliger Millionenhöhe entstanden, waren garantiert nicht »amused«.

Im Mittelpunkt der medialen Berichterstattung stand der nicht mit markigen Worten geizende langjährige GDL-Chef Claus Weselsky. So bezeichnete er in seinem wohl letzten Arbeitskampf vor dem Rentenbeginn seine Verhandlungspartner von der DB AG unnötig beleidigend etwa als »Vollpfosten«. Von den in den Jahren der Bahn-Privatisierung in ihrem Stolz verletzten Eisenbahnerinnen und -bahnern erfuhr der ehemalige Lokführer jedoch trotz seiner Ruppigkeit für seine Kompromisslosigkeit bei den Tarifverhandlungen viel Unterstützung. Der die DB-Konzernspitze vertretende Personalvorstand Martin Seiler gab sich bei seinen Auftritten zwar seriös und betonte immer, stets für konstruktive Gespräche bereitzustehen, weshalb die Bahnstreiks vollkommen unnötig seien. Eine der wichtigsten Forderungen der GDL lehnte er jedoch solange es ging ab, die Einführung der 35-Stunden-Woche ohne Verdienstverlust.

Die während des Tarifkampfes den GDL-Chef Claus Weselsky in den Vordergrund rückenden Medien verwiesen zwar immer wieder darauf, er überschreite seine Kompetenzen, ließen dabei aber mehr oder weniger unerwähnt, dass es die Gewerkschaftsmitglieder waren, die in den Abstimmungen mehrheitlich für die Streikaktionen votierten. Ihre Bereitschaft zum Ausstand war zweifellos sehr groß, und zwar nicht zuletzt aufgrund der empfundenen Ungerechtigkeit. Schließlich kennen die Bahnmitarbeitenden die ungerechtfertigten, exorbitanten Jahresgehälter der neun DB-Vorstandsmitglieder in Höhe von zusammen 4,1 Millionen Euro – allein das Gehalt des Bahnchefs ist dreimal so hoch wie die Bezüge des Bundeskanzlers. Und sie wissen von den zusätzlich gewährten hohen Vorstandstantiemen. Für das – schlechte – Geschäftsjahr 2022 betrugen sie insgesamt 4,84 Millionen Euro.

Am Ende der Tarifauseinandersetzung ermöglichte ein Optionsmodell die Einigung in einem Streikgeschehen, das für die sitzen gelassenen Fahrgäste quälerisch und für die um bessere Arbeitsbedingungen kämpfenden Beschäftigten letztendlich erfolgreich verlief. Dem erzielten Kompromiss zufolge gibt es zum einen eine zweistufige Lohnerhöhung, zum anderen sinkt die Referenzarbeitszeit von 2026 bis 2029 von 37 auf 35 Stunden. Beschäftigte können jedoch wahlweise bei der höheren Wochenstundenzahl bleiben. Sie erhalten dann für jede Stunde, die zusätzlich geleistet wird, 2,7 Prozent mehr Lohn.[142] Als die Deutsche Bahn AG Ende Juni 2024 für das erste Halbjahr den Verlust von 1,2 Milliarden Euro verkündete, ließ Finanzchef Levin Holle wissen: »Wir müssen in Zukunft mehr Bahn mit weniger Menschen schaffen.« Daher sollen nun bis 2029 rund 30.000 Vollzeitstellen eingespart werden – aus Sicht des Konzernbetriebsrats ein »Schlag ins Gesicht«. Nachdem der Fernverkehrs-Personalvorstand der Belegschaft verdeutlicht hatte: »Wir stellen nur noch dort ein, wo es absolut notwendig ist«, rauschte die Stimmung der in den Zügen Beschäftigten vollends in den Keller. Sie fühlen sich schon seit Langem gestresst und überlastet, und die Servicekräfte befürchten zudem, dass die DB künftig auch voll besetzte ICE-Züge mit nicht mehr als zwei von ihnen besetzen wird. Die Stellenstreichungen werden für die Beschäftigten zwangsläufig zu einer noch höheren Arbeitsbelastung als bisher schon führen und sich auf deren Arbeitsmotivation, -moral und -qualität abträglich auswirken.[143] Wenn nicht alles täuscht, verspielt das Management der Deutschen Bahn zunehmend nicht nur das Vertrauen der Reisenden, sondern auch das ihrer den Betrieb am Laufen haltenden Belegschaft. Fehlt noch die Durchsage:

Nächster Halt: Deutsche Bahn AG.

Verfahrene Deutsche Bahn AG

Seit ihren frühen Tagen sieht sich die in den Wettbewerb gestoßene Deutsche Bahn AG, die immer unzuverlässiger wurde, teils ebenso heftiger wie zumeist berechtigter Kritik ausgesetzt. *Grund dafür*, um im Jargon der Bahndurchsagen zu bleiben, ist ganz erheblich das obere Management, das in den ersten beiden Jahrzehnten von Vorsitzenden angeführt wurde, die bei Amtsantritt über keinerlei Erfahrung im hochkomplexen System Eisenbahn verfügten, aber dafür ausreichend Kenntnisse aus der systemgegnerischen und börsenfixierten Autoindustrie mitbrachten: Heinz Dürr, Hartmut Mehdorn und Rüdiger Grube. Seit 2017 sitzt mit Richard Lutz ein Betriebswirt dem Vorstand der Deutschen Bahn vor, der von 2010 bis 2017 als Vorstand Finanzen und Controlling für die verheerenden Abbauentscheidungen seines Chefs Grube mitverantwortlich war.

Unter den genannten Vorsitzenden und ihren Vorständen verschlechterten sich die Eisenbahnverkehrs- und Infrastrukturleistungen der Deutschen Bahn AG rapide und nachhaltig. Bis 2008 vor allem aufgrund des unter Hartmut Mehdorn mit massiven Sparprogrammen und einer Pro-Privatisierungs-Propaganda der »Denkfabrik« *berlinpolis e. V.* vorbereiteten Börsengangs, der dann durch die Finanzkrise ausgebremst wurde.[144] Als die DB AG zu Beginn des Jahres 2009 in die Schlagzeilen geriet, weil sie wiederholt Stammdaten ihrer Beschäftigten mit anderen Datenbanken abgeglichen und Informationen über deren Bankkonten und Privatkontakte eingeholt und ausgewertet hatte, verließ Hartmut Mehdorn skandalgedrungen das Unternehmen.

Im Jahr 2009 wurde zudem und gegen große Widerstände aus der Bevölkerung das Projekt *Stuttgart 21* in Gang gebracht. Ein Jahr später ging die Übernahme des börsennotierten britischen Transportunternehmens Arriva in der Größenordnung von 2,9 Milliarden Euro vonstatten. Das spiegelte nicht zuletzt den Willen des Bahnvorstands wider, mit allem Möglichen Profite zu erzielen. Schließlich betrieb das britische Unternehmen in zehn europäischen Ländern Buslinien, Autohäuser, Sprachschulen und anderes mehr.

Als 2019 die feuchtfröhlichen Feiern zum 25. Jubiläum der DB-AG-Gründung erfolgten, war es den Vorständen aus Sicht nüchterner Beobachter perfide gelungen, aus dem Bahnunternehmen einen extrem verschachtelten und ziemlich unnützen Gemischtwarenladen zu machen. Denn für die auf den Schienenverkehr angewiesenen Menschen hatte die Deutsche Bahn zu ihrem Jubiläum zwar viel Ärger und Verdruss, aber keine tolle Zugkraft und kaum eine funktionstüchtige Trasse zu bieten. Quasi als Anhang der früheren Konzernbilanzen müsste nun über nicht bilanzierte Baukostenzuschüsse des Bundes, fehlende Rücklagen und zu niedrige Abschreibungen berichtet werden, die den Privatisierungsplänen geschuldet waren. Von den überhöhten Vergütungen und Abfindungen für Vorstände natürlich nicht minder. Da das viele Geld längst futsch ist, erspare ich mir das ...

Die Deutsche Bahn AG hat ihren Sitz in Berlin und rühmt sich – trotz des Missmanagements in der Bundesrepublik – als eines der weltweit führenden Mobilitäts- und Logistikunternehmen. Das stimmt zwar insoweit, als sie zum Beispiel 2022 Aufträge in zweistelliger Milliardenhöhe von der ägyptischen Regierung für den Betrieb und die Instandhaltung ihres neuen und sechstgrößten Hochgeschwindigkeitsnetzes der Welt und von einem kanadischen Nahverkehrsbetreiber für den regionalen Schienenpersonennahverkehr in der Metropole Toronto und deren Umgebung erhielt. Dort »erwirtschaftete Gewinne fließen in die deutsche Schiene«, versicherte der hoch verschuldete Konzern daraufhin. Dass aber in Deutschland notwendige Kapazitäten anderorts in der Welt – nicht nur in Ägypten und Kanada – eingesetzt und darüber Verträge über 15 bzw. 25 Jahre abgeschlossen worden sind, ist zweifellos nicht zielführend für eine *deutsche* Bahn.[145]

Die DB AG erweist sich gegenwärtig als ein – noch – zu 100 Prozent im Besitz des Bundes befindliches Unternehmen, das als Holding agiert, also Kapitalbeteiligungen an anderen Unternehmen hält. Als da wären die hundertprozentigen Tochtergesellschaften – und zugleich Geschäftsfelder – DB Fernverkehr AG (mit den ICEs, ECs und ICs), DB Regio AG (mit den Regionalverkehrszügen), DB Cargo AG (für die Gütertransporte), DB InfraGO AG (für das Schienennetz und die Bahnhöfe) sowie die DB Energie GmbH (für die Stromversorgung). Hinzu kommen etwa die DB International Operations GmbH, DB Sicherheit GmbH, DB Vertrieb GmbH, DB Fahrzeuginstandhaltung GmbH, DB Gastronomie GmbH und andere mehr. Darüber hinaus bestehen noch zahlreiche Beteiligungen.

Zwei der international tätigen Töchter, DB Schenker und DB Arriva, die fast die Hälfte zum Gesamtumsatz beitrugen, wurden 2023 zum Verkauf gestellt. Im Oktober 2023 übernahm die strikt gewinnorientierte und in globale Infrastruktur investierte Private-Equity-Gesellschaft I Squared Capital mit Hauptsitz in Miami das Unternehmensgeflecht

DB Arriva, zudem begann der »offene und diskriminierungsfreie Prozess« zur Veräußerung der milliardenschweren Logistikdienstleistungstochter DB Schenker.[146] Die Erlöse aus beiden Verkäufen in Höhe von bis zu circa 16 Milliarden Euro sollen einem Beschluss des Aufsichtsrats zufolge vollständig im DB-Konzern verbleiben und zu dessen Entschuldung beitragen, um nicht zuletzt die eigene Kreditwürdigkeit zu verbessern. Der im Mai 2024 abgeschlossene Verkauf der Auslandstochter Arriva brachte der DB AG rund 1,6 Milliarden Euro ein.

Für die Durchführung des Bahnverkehrs in Deutschland sind die beiden Unternehmenstöchter in der Tat nicht notwendig und deren insgesamt rund 360 Töchter und Beteiligungen nicht minder.[147] Allerdings gibt es Stimmen, die davor warnen, DB Schenker einfach an den Höchstbietenden zu verkaufen. Die Bahntochter ist das viertgrößte Logistikunternehmen der Welt und unterhält mit circa 76.000 Mitarbeitenden ein globales Netz mit teils eigenen Flotten im Straßen- und Schienenverkehr. Wichtige Partner sind zudem Fluggesellschaften, Reedereien und eine Fülle von Subunternehmern. Der Geopolitik-, Energie- und Logistikexperte Jacopo Pepe mahnte im März 2024: »Die Frage stellt sich: Können wir angesichts der Fragmentierung der Weltordnung, des wachsenden geopolitischen, technologischen und industriellen Wettbewerbs gerade um neue Lieferketten, und auch angesichts der Aufstellung anderer im staatlichen Auftrag handelnden Akteure es uns leisten, einen solchen Champion aus der Hand zu geben?«[148]

Nach zunächst um die zwanzig Interessenten lagen der DB AG im Mai 2024 laut Brancheninformationen noch vier sogenannte indikative, sprich nicht bindende Angebote vor: von der dänischen Reederei Mærsk, dem saudi-arabischen Staatsunternehmen Bahri, dem dänischen Logistik- und Speditionsunternehmen DSV sowie dem Luxemburger Private-Equity-Fonds CVC. Nach dem Ausstieg von Mærsk und Bahri verblieben Anfang August 2024 nur mehr zwei Interessenten, die von der Bahn zur Abgabe eines verbindlichen Angebots aufgefordert werden konnten. Sowohl die dänische Spedition DSV als auch das CVC-Konsortium, bei dem der arabische Staatsfonds Adia (Abu Dhabi Investment Authority) und der singapurische Staatsfonds GIC (Government of Singapore Investment Corporation) mitmischen, boten schließlich jeweils 14 Milliarden Euro. CVC gab außerdem eine Offerte über 16 Milliarden Euro ab, die den Teilkauf von knapp 25 Prozent durch den Bund vorsieht. Während CVC signalisierte, Schenker samt Standort- und Beschäftigungsgarantien (für einen späteren Börsengang) erhalten zu wollen, dürfte DSV die Bahntochter als eigenständige Firma auflösen. Wie die DB AG mit den Bietern verfährt, wird sich zeigen müssen.[149]

2023 war der DB-Konzern in mehr als 130 Ländern tätig und beschäftigte (ohne die verkaufte DB Arriva) rund 292.450 Mitarbeitende. Nach dem abgeschlossenen Verkauf der Tochter DB Schenker, deren rund 73.000 Beschäftigte 2023 knapp ein Viertel der Gesamtbelegschaft stellten, wird die Deutsche Bahn AG künftig noch gut 220.000 Beschäftige in ihren Reihen haben.[150] Wer Interesse an der umfangreichen, professionell gestalteten und schon unerträglich selbstlöblichen Unternehmensdarstellung der DB einschließlich aller nur denkbaren Geschäftszahlen hat, wird in den jährlich publizierten und im Internet abrufbaren Berichten fündig.[151]

2023 beherrschte die DB AG noch mehr als 600 Unternehmen aus dem In- und Ausland, an denen sie ganz oder mehrheitlich beteiligt war. Viele dieser Firmen verrichteten und verrichten keine typischen Tätigkeiten eines Eisenbahnunternehmens, haben mit der eigentlichen Aufgabe, Menschen und Güter pünktlich und sicher von A nach B zu bringen, wenig oder nichts zu tun. Alle von ihnen aber unterhalten jeweils kostenträchtige Geschäftsführungen und Verwaltungsstrukturen. Auf den Spielfeldern der Konzernholding arbeiten zudem jede Menge separater Verwaltungseinheiten nur zu häufig an denselben Aufgaben, weil redundante Gliederungen in einem Firmengestrüpp wie dem der DB AG mehr oder weniger unvermeidlich sind. Eine Verschlankung des mittleren Managements zugunsten der Einstellung etwa von Arbeitskräften für die Durchführung notwendiger Gleisbett-Wartungsarbeiten, für die Wartung und Instandhaltung der Züge sowie für die Betreuung von Fahrgästen auf den Bahnstationen wäre gewiss sinnvoll.

Schlimmer noch: Die unter dem Dach der Konzernholding Deutsche Bahn AG tätigen Aktiengesellschaften und Gesellschaften mit beschränkter Haftung gehen schon aus Profitabilitätsgründen eher gegen- als miteinander im Eisenbahnsystem vor. Und das, obwohl in vielen Problemlagen rasche Lösungsversuche unternommen werden müssten. Wenn zum Beispiel die Lok eines Fernzuges ausfällt und in nächster Nähe eine Lok des Regionalverkehrs zum sofortigen Einsatz bereitsteht, wird das im Zweifelsfall wegen des umständlichen Hin und Her zwischen den mit eigener Rechnung arbeitenden Töchtern DB Fernverkehr und DB Regio nicht klappen. Solche Herausforderungen, die in einer einheitlich aufgestellten Eisenbahngesellschaft (wie früher etwa der Deutschen Bundesbahn) von den zuständigen Beschäftigten mit einem Anruf zu regeln wären, sind in der derzeitigen

Unternehmensstruktur der DB AG mit ihrer quasi festgeschriebenen internen Konkurrenz und Gesamtverantwortungslosigkeit nicht zu meistern. Die Managerinnen und Manager versuchen zwar, mit den in unterschiedlichen Betriebsteilen und ausgegliederten Arbeitsbereichen tätigen Mitarbeitenden das System am Laufen zu halten. Aber wie sich zum Beispiel in den vergangenen Wintern zeigte, fehlt es nicht nur an besseren Räumfahrzeugen und ausreichendem Personal, es hakt auch bei der Zuordnung. So war die Schneeräumung bis Ende 2023 der DB Netz zugeordnet, obwohl sie dafür über keine ausreichenden Ressourcen und Lokomotiven verfügte.[152]

Noch ein Wort zu den Gewinnerzielungszielen der Tochtergesellschaften der Konzernholding DB AG: Wenn, wie die erfolgreichen Macher des Podcasts *Lage der Nation*, der Journalist Philip Banse und der Jurist Ulf Buermeyer, mit Fug und Recht kritisieren, »auch Menschen, die Zugtoiletten reinigen, Bahnsteige fegen, Notausstiege kontrollieren und Lüftungsanlagen reparieren«, sich »rechnen« müssen, »obwohl der eigentliche Sinn ihres Einsatzes doch sein sollte, einen immateriellen Vorteil zu erwirtschaften, indem sie das Bahnfahren so angenehm und sicher wie möglich machen«, bestehen im Konzern offensichtlich »viele falsche Anreize«. Fataler weise ist es für das Management wegen der eigenen betriebswirtschaftlichen Scheuklappen rational, »niedrigere Löhne zu zahlen, schlechtere Materialien zu verwenden und Wartungszyklen zu verlängern«.[153] Apropos Wartung. Der Bahnkritiker Arno Luik zitiert einen DB-Mitarbeiter, der kundgibt: »Die Stimmung in den Werkhallen ist so schlecht, dass die Kollegen dort oft nur das Nötigste an Wartung machen. Kommt ein lädierter ICE, der in München stationiert ist, in eine Werkhalle nach Hamburg-Eidelstedt, dann sagen die Kollegen dort: Sollen diesen Zug doch die Bayern reparieren, ist nicht unser Ding.«[154]

Bei Licht betrachtet hat die DB AG seit ihrer Gründung gleichsam das Bahnfahren immer mehr ausgespart – durch die Wegrationalisierung von mehr als 200.000 Mitarbeitenden, darunter viele erfahrene Bahnerinnen und Bahner, den Abbau der Hälfte aller Weichen, die Demontage von vier Fünftel der Industriegleisanschlüsse und unzähliger Überholgleise. Der zugleich untätig hingenommene – menschelnd als »Überalterung« bezeichnete – Verfall von Brücken und Bahnanlagen hat inzwischen enorme Ausmaße angenommen. Gleichsam notgedrungen rief 2019 der Vorstand der DB AG die Konzernstrategie »Starke Schiene« aus. In der Strategie heißt es wie üblich wohlklingend:

Eine starke Schiene ist eine wesentliche Voraussetzung für die Erfüllung der Klimaschutzziele des Bundes und der EU, denn ohne eine massive Verkehrsverlagerung auf die klimafreundliche Schiene ist eine Reduzierung der Emissionen im Verkehrssektor nicht zu erreichen. [...] Konkret bedeutet eine starke Schiene für die Menschen: eine Verdopplung der Reisendenzahl im Schienenpersonenfernverkehr und damit täglich vier Millionen Pkw-Fahrten und 12.000 Flugreisen weniger in Deutschland. [...] Eine starke Schiene [...] sichert die Position Deutschlands als führende Exportnation. Mit ihr behaupten wir uns im Wettbewerb um die modernste Transportlogistik und entwickeln entscheidende technologische Impulse nach vorne. Konkret bedeutet die starke Schiene für die Wirtschaft: ein Wachstum des Modalanteils des Schienengüterverkehrs auf 25 %. Das entspricht rund 13 Millionen weniger Lkw-Fahrten pro Jahr auf deutschen Straßen.[155]

Bereits zu Beginn des Jahres 2020 kam die Konzernstrategie »Starke Schiene« schwer ins Stocken, allerdings aufgrund einer außergewöhnlichen und unvorhergesehenen externen Entwicklung, die bald darauf das ganze Land lahmlegte. Wie hieß es noch gleich am 27. Februar 2020: »Um die Corona-Epidemie zu bekämpfen, haben Bundesinnen- und Bundesgesundheitsministerium einen im Pandemieplan des Bundes vorgesehenen Krisenstab eingesetzt. Ziel ist, die Bevölkerung so gut wie möglich zu schützen und diese Epidemie so weit wie möglich einzudämmen.«[156] Die Coronavirus-Krise wurde auch für die Eisenbahn zu einer gewaltigen Herausforderung. Das Reisendenaufkommen der Deutschen Bahn und der »Wettbewerber« sank erheblich unter das Normalniveau, zudem wurden die Fahrten im Fern- und Regionalverkehr deutlich reduziert. Ganz entfielen die Sprinter-Züge sowie viele Verbindungen ins Ausland und zu inländischen Touristenzielen. Die Bahnen des privaten Unternehmens Flixtrain blieben während der Pandemie dauerhaft in ihren Betriebshöfen, trugen folglich nicht zur Aufrechterhaltung notwendiger Zugverbindungen bei.

Angesichts der coronabedingten großen wirtschaftlichen Belastungen gewährte die EU den Mitgliedstaaten die Möglichkeit, die Schienenmaut für die Dauer der Pandemie auszusetzen. Und zwar mit der Maßgabe, den Infrastrukturbetreibern den entstehenden Einnahmeausfall mit Haushaltsmitteln auszugleichen. Die Bundesregierung entlastete daraufhin den Güter- und Personenfernverkehr fast vollständig von den Trassengebühren – und zwar rückwirkend von März 2020 bis Anfang 2022. Insgesamt stellte der Bund rund 2,8 Milliarden Euro dafür zur Verfügung.

Erheblich vernachlässigt hat die DB AG ihre Güterverkehrstochter DB Cargo. (Die Situation des Schienengüterverkehrs behandelt dieses Buch nicht näher.[157]) Das Unternehmen soll natürlich Gewinne schreiben, ist aber seit Langem zumal aufgrund des Missmanagements hochdefizitär. Nach der Bahnreform 1994 entstand eine große Bandbreite an privaten Anbietern im deutschen Güterbahnverkehr. Zusammengerechnet kommen sie – Stand 2023 – auf 59 Prozent der Verkehrsleistung. DB Cargo hält nurmehr einen Anteil von 41 Prozent und verzeichnet ein weiterhin sinkendes Frachtaufkommen. Im Februar 2024 wurden die Pläne der Cargo-Vorstandsvorsitzenden Sigrid Nikutta publik, die Produktion und den Vertrieb im Kombinierten Verkehr in Tochterfirmen auszugliedern und 2000 Stellen abzubauen. Zudem sollten Transportsegmente wie Stahl, Autos oder Chemieprodukte in jeweils eigene Geschäftsfelder aufgeteilt werden. Die Betriebsräte der DB Cargo und der Töchter sowie die Eisenbahn- und Verkehrsgewerkschaft (EVG) befürchteten eine Zerschlagung des Unternehmens und stellten sich umgehend gegen die Umstrukturierungspläne des DB Cargo-Vorstands. Nach einer Zeit verhärteter Fronten erfolgte schließlich Ende Juni eine Einigung. So bestätigte die Bahn, dass keine Entlassungen geplant seien, es aber zu Umschichtungen kommen könne, und verlautbarte die EVG, ein gemeinsamer Sozialplan würde Härten abmildern. Außerdem verständigten sich die Betriebsparteien im Rahmen eines Interessenausgleichs auf den Erhalt der Produktion des Kombinierten Verkehrs in der DB Cargo AG.[158] Beim europaweit praktizierten Kombinierten Schienengüterverkehr werden die Langstrecke über die Schiene und kleinere Abschnitte, zumeist am Anfang und Ende des Transports mittels Lastwagen abgedeckt.

Die »Dauerkrise« der Deutschen Bahn und ihrer Tochtergesellschaften beschäftigt nicht zuletzt den Bundesrechnungshof. Nachdem er 2019 dem Bund vorgeworfen hatte, ein Vierteljahrhundert nach der Bahnreform immer noch keine belastbare Eigentümerstrategie für die Beteiligung an der DB AG entwickelt zu haben, legte er vier Jahre später nach.[159] Im März 2023 stellte dessen Präsident Kay Scheller unmissverständlich klar:

> Die Krise der DB AG wird chronisch, der Konzern entwickelt sich zu einem Sanierungsfall, der das gesamte System Eisenbahn gefährdet. [...] Es gibt gravierende strukturelle, finanzielle und betriebliche Probleme. Von einer Lösung ist die Bundesregierung weit

entfernt. Das spüren wir alle im Alltag. Wir empfehlen unverändert, alle Aktivitäten und die Strukturen der DB AG auf den Gewährleistungsauftrag aus der Verfassung auszurichten: Die Verkehrsbedürfnisse für Deutschland decken. Mit einem zuverlässigen Verkehrsträger Schiene, der gleichzeitig für mehr Klimaschutz steht. Der Bund ist weit entfernt davon, die Probleme in den Griff zu bekommen – weder mit Blick auf die Schiene noch bei der Steuerung der DB AG. Damit das System Eisenbahn seine verkehrs- und klimapolitische Rolle erfüllen kann, braucht es grundsätzliche Reformen – ohne entschiedenes Umsteuern endet das System Eisenbahn auf dem Abstellgleis.[160]

Zweifellos wissen die Verantwortlichen im zuständigen Bundesministerium für Verkehr, dass sie die DB AG bisher weitgehend der Selbststeuerung und Eigenkontrolle überlassen haben und deren teils völlig bahnfremde strategische Entscheidungen laufen lassen. Außerdem ist das Firmengeflecht der Holding inzwischen so vielfältig und geschickt gestaffelt, dass die Vertreter des Verkehrsministeriums, selbst wenn sie wollten, auf weite Bereiche gar keinen Einfluss nehmen können. Denn die DB-Tochterunternehmen sind Eigentum der Holding und nicht des Bundes, und deren Tochterunternehmen und Ausgliederungen wiederum sind nicht Eigentum der Konzernholding DB AG, sondern der jeweiligen Tochter, etwa der DB Fernverkehr AG. Die von den Töchtern und deren Töchtern verfolgten Businessmodelle und -irrwege können von der Regierungspolitik also keinesfalls »mal so eben« ausgebremst werden. Direkten Einfluss hat die Bundesregierung lediglich auf den Vorstand und – bedingt – den Aufsichtsrat der DB AG, denn deren Aktien hält – noch – komplett unser Staat.

Damit die Eisenbahn ihre verkehrs- und klimapolitische Rolle erfüllen kann, betont der Bundesrechnungshof, sind »grundsätzliche Reformen« notwendig. Allerdings geht es dieser Instanz nicht um die Wiederzusammenfügung der eigentumsrechtlich und organisatorisch getrennten Gesellschaften und Ausgliederungen der DB AG, sondern um die radikale Trennung von Trasse und Traktion. Bezeichnenderweise einigten sich Regierungspolitik und die Konzernholding DB AG im Laufe des Jahres 2023 auf die Zusammenlegung der DB Netz AG und der DB Station & Service AG zur neuen Gesellschaft DB InfraGO AG, die die geforderte Trennung erleichtert. Sie betreibt mit ihren 61.400 Beschäftigten rund 33.400 Kilometer Schienennetz sowie 5400 Bahnstationen.

Die DB AG wirbt für sich mit der Verkündung großer Ziele. Bis 2030 will sie auf jährlich 260 Millionen Reisende im Fernverkehr kommen – gut 110 Millionen mehr als 2024, und im Nah- und Regionalverkehr sollen es 2030 sogar eine Milliarde Fahrgäste mehr sein. Dazu sind aber viel mehr Züge vonnöten. Und damit die überhaupt fahren können, muss die Infrastruktur nicht nur ganz erheblich saniert, sondern auch gezielt ausgebaut werden. Durch die DB InfraGO AG, versteht sich. Das Kürzel steht als Abkürzung für das vielversprechend klingende »Infrastruktur Gemeinwohlorientiert«. Freilich verrät das drangehängte AG, dass weiterhin ein Gewinnerzielungsziel besteht. Die nachgerade zusammengewürfelte neue Konzerntochter betont in ihrer Selbstdarstellung:

> Die Gemeinwohlorientierung der Eisenbahninfrastruktur der Deutschen Bahn steht seit dem Start der DB InfraGO AG am 1. Januar 2024 klar im Fokus. Das bedeutet: Die Bewirtschaftung und der Ausbau der Infrastruktur werden konsequent an den Bedürfnissen der Bürger:innen, der Wirtschaft und der Umwelt ausgerichtet. Für Deutschland und Europa. Maßgeblich sind dabei die Vorgaben des Bundes als Eigentümer der Deutschen Bahn. Die verkehrspolitischen Ziele sind klar definiert: Die Verdopplung der Verkehrsleistung im Personenverkehr, der Ausbau des Marktanteils im Schienengüterverkehr von 19 auf 25 % und die Umsetzung des Deutschlandtakts.[161]

Und wo ist der Haken? Aus dem Lautsprecher schallt:

Einsteigen und Gemeinwohl abwarten.

DB InfraGO to go?

Die Zusammenlegung zweier gewinnfixierter Aktiengesellschaften zur weiterhin auf Gewinne setzenden DB InfraGO AG ist unter der Lupe eines gestandenen Lokomotivführers wie *Jim Knopf* gewiss kaum mehr als eine andere Verpackung mit verändertem Gesellschaftsnamen. Im Übrigen entspricht sie dem Koalitionsvertrag der Ampel, laut dem die Deutsche Bahn AG ein »integrierter Konzern« bleiben und die »neue gemeinwohlorientierte Infrastruktursparte« ihre erzielten »Gewinne aus dem Betrieb der Infrastruktur« behalten soll.[162] Allerdings ist die so bürgernah klingende Gemeinwohlorientierung keineswegs »neu«. Sie ergibt sich zwangsläufig aus dem Grundgesetzartikel 87e: »Der Bund gewährleistet, dass dem Wohl der Allgemeinheit, insbesondere den Verkehrsbedürfnissen, beim Ausbau und Erhalt des Schienennetzes der Eisenbahnen des Bundes [...] Rechnung getragen wird.«[163]

Die DB InfraGO AG gehört als hundertprozentige Tochter der Deutschen Bahn AG zu einem Konzern, der die verschiedenen Sparten rechnerisch trennt und in Konkurrenz zueinander agieren lässt. Sie selbst wird von Profitinteressen dominiert, die die Unternehmensleitung vorgibt und die von der Mutter DB AG akzeptiert sein müssen. Beachtenswert ist die oben zitierte Behauptung: »Maßgeblich sind die Vorgaben des Bundes als Eigentümer der Deutschen Bahn.« Der besten- und notfalls als Geldgeber dienende Bund verfügt jedoch faktisch über keine Steuerungsbefugnisse, da die InfraGO als Tochter der DB AG einem Beherrschungs- und Ergebnisabführungsvertrag unterliegt. Die DB AG wiederum unterliegt keiner Gemeinwohlorientierung, sondern ist dem Konzernwohl verpflichtet. Damit kein Missverständnis entsteht: Mit »gemeinwohlorientiert« ist mitnichten eine gesetzliche Verpflichtung gemeint, denn der juristisch belastbare Begriff lautet »gemeinnützig«, und davon ist auch im Grundgesetz – leider – keine Rede.

Die InfraGO verfolgt in puncto Infrastruktur sieben zentrale Erneuerungs- und Modernisierungsvorhaben, die sich den Verlautbarungen nach am Gemeinwohl orientieren. Die mit der rosaroten Brille zu lesenden Pläne der neu etablierten Konzerntochter sollen umfassen: Den im Sommer 2024 begonnenen »Aufbau eines Hochleistungsnetzes und die dafür erforderliche Generalsanierung hochbelasteter Korridore«, die »schnelle Kapazitätserweiterung durch Umsetzung kleiner und mittlerer Maßnahmen wie etwa der Einbau zusätzlicher Weichen oder die Schaffung von Überleitstellen«, die »Digitalisierung der Schiene, u. a. durch Ausrüstung von Strecken mit ETCS«, die »Entwicklung von Zukunftsbahnhöfen mit Möglichkeiten zur Anschlussmobilität sowie dem Bahnhofsumfeld«, die »Kapazitätserhöhung durch neu und ausgebaute Serviceeinrichtungen, z. B. durch zusätzliche Gleise«, den »gezielten Neu- und Ausbau von Strecken, wo zusätzlicher Kapazitätsbedarf in der Zukunft absehbar ist« und die »weitere Elektrifizierung des Schienennetzes«.[164] Wer's glaubt, wird keinen Anschluss mehr verpassen.

Weil die DB InfraGO AG auch den Zugang zum Schienennetz regelt, müssen die Eisenbahnverkehrsunternehmen der Deutschen Bahn und ihrer Wettbewerber dort die Trassen anmelden, die sie zu einer bestimmten Zeit nutzen wollen, und dafür bezahlen. Die Hälfte der erzielten Einnahmen wird überwiegend für das Schienennetz verwendet werden, heißt es. Eine der ersten Maßnahmen der DB InfraGO bestand in der Ankündigung, die Trassengebühren anzuheben, was recht aufschlussreich ist. Erwartet werden daraus allein im Zeitraum von 2024 bis 2027 Einnahmen von circa 64 Milliarden Euro. Viele der Eisenbahnverkehrsunternehmen kritisieren die aus ihrer Sicht zu hohen Trassenentgelte und den Umstand, dass die InfraGO als Teil der mit ihnen auf der Schiene konkurrierenden Deutschen Bahn für die Vergabe der Trassen zuständig ist. Und nun zu einem verblüffenden Detail der bahnpolitischen Verwirrung der Verwirrungen:

Die Bundesregierung, die das Eigenkapital der Deutschen Bahn AG in den nächsten Jahren für Investitionen ins Schienennetz um gut 20 Milliarden Euro aufstocken will (übrigens an der Schuldenbremse vorbei), verlangte bisher dafür Zinsen von 5,9 Prozent (Stand 2024). Diese Zinsen wiederum muss die für die Infrastruktur zuständige Bahntochter an die Muttergesellschaft DB AG entrichten. Aber woher nehmen und nicht stehlen? Die InfraGO AG entnimmt den fälligen Betrag aus ihren Trassengebühr-Einnahmen, und damit die Rechnung auch aufgeht, muss sie bei jeder Eigenkapitalerhöhung die Trassenpreise des Fern- und Güterverkehrs verteuern, um die zugleich steigenden Zinszahlungen abzufedern.

Als die Regierung im August 2024 im Haushaltsentwurf 2025 zusätzlich zu der bereits vorgesehenen Erhöhung des Eigenkapitals der DB AG von rund 5,9 Milliarden Euro eine zusätzliche Eigenkapitalstärkung der DB InfraGO AG um rund 4,5 Milliarden Euro beschloss (denn Eigenkapital wird bei der Bundes-Schuldenbremse nicht angerechnet), beantragte die DB InfraGO für 2026 umgehend eine erhebliche Erhöhung der Trassenpreise bei der Bundesnetzagentur. Insbesondere die von ihr erstmalig um 23,5 Prozent stark verteuerte Maut für den Regionalverkehr (die InfraGO hofft, dass die bisherige Trassenpreis-Deckelung gerichtlich gekippt wird), sorgte umgehend für heftige Proteste der betroffenen Unternehmen und von Politikern aus den Bundesländern. Aus Sicht der Kritiker ist zu befürchten, dass es zu höheren Kosten und statt zu mehr, zu weniger Schienenverkehr kommen wird.

Die InfraGo AG wiederum verwies besänftigend darauf, dass mit dem Bund Gespräche über einen Kompensationsmechanismus geführt würden, um die Belastungen durch die Trassenpreiserhöhung auszugleichen. Und das Bundesverkehrsministerium kündigte an, es habe »Mittel für die Fortsetzung der Trassenpreisförderung sichern können«. Parallel werde die vorgeschriebene »Verzinsung des Eigenkapitals der InfraGO massiv« – nämlich auf rund 2 Prozent – abgesenkt werden«. Zudem würde es »zeitnah« einen »konkreten Fahrplan« zur Gestaltung eines »zukunftssicheren« Finanzierungsmechanismus der Schieneninfrastruktur vorlegen.[165] Die von der Bahnreform ausgelöste Methode, es mit jeder Milliarde zusätzlichem Eigenkapital für die Eisenbahn teurer zu machen, Personen und Güter zu transportieren, ist schienenverkehrsfeindlich, also widersinnig und völlig daneben. Wie lautet noch gleich die Meldung?

Achtung! Durchfahrt ohne Halt.

Trasse und Traktion trennen?

Dem von der EU durchgesetzten Wettbewerbsregime auf der Schiene fehlt hierzulande noch die absolute Herauslösung der Infrastruktur aus dem »integrierten Konzern« Deutsche Bahn AG (ein integrierter Konzern umfasst sowohl Eisenbahnverkehrs- als auch Eisenbahninfrastrukturunternehmen). Die eigentumsrechtliche Trennung von Netz und Zügen, also Trasse und Traktion, fordern mit der Monopolkommission, dem Bundeskartellamt und dem Bundesrechnungshof nun nicht nur drei ranghohe Bundesbehörden, sondern auch maßgebliche Politikerinnen und Politiker von FDP, CDU/CSU und Bündnis 90/Die Grünen. Zu bedenken gilt, dass zum Beispiel der Bundesrechnungshof nicht gerade unparteiisch von ausgewiesenen Finanzexperten, sondern von zwei für zwölf Jahre von der Regierung vorgeschlagenen und vom Parlament gewählten »Parteisoldaten« geleitet wird. Als Vizepräsident fungiert mit Christian Ahrendt ein langjähriger FDP-Abgeordneter, das Amt des Präsidenten hat Kay Scheller inne, der zuvor für die CDU in Ministerien, im Kanzleramt und in der Fraktion gewirkt hatte.

Die Monopolkommission hält »an ihrer früheren Empfehlung einer eigentumsrechtlichen Trennung der Eisenbahninfrastruktur vom restlichen DB-Konzern« fest. Zitat: »Erst bei einer eigentumsrechtlichen Trennung sollte der Infrastrukturbetreiber ein Interesse daran haben, dass die Infrastruktur bestmöglich ausgelastet ist. Dieses dürfte wesentliche Vorteile, etwa in Bezug auf die Qualität, mit sich bringen.«[166] Alexander Dobrindt (CSU), der von 2013 bis 2017 als Bundesverkehrsminister agierte, betont: »Die Trennung von Netz und Betrieb und die Auflösung des integrierten Bahn-Konzerns ist zwingend notwendig, um die Reformfähigkeit der Bahn zu erhöhen.«[167] Der Parlamentarier Matthias Gastel wiederum pointiert im Rahmen der »grünen Bahnoffensive«: »Die Deutsche Bahn konzentriert sich auf ihr Kerngeschäft, die zuverlässige Beförderung von Reisenden und den Transport von Gütern auf der Schiene. Die Infrastruktur wird an eine bundeseigene Infrastrukturgesellschaft ohne Gewinnerzielungsabsicht überführt und langfristig und verlässlich finanziert.«[168]

Zur Erinnerung: Eigentlich wollte die EU-Kommission mit dem Vierten Eisenbahnpaket die Trennung von Verkehrs- und Infrastrukturfirmen unanfechtbar vorschreiben. Die Netzunternehmen sollten von 2019 an organisatorisch und personell unabhängig sein. Dazu kam es jedoch aufgrund von Widerständen nicht. Andererseits wäre es für eine der nächsten Bundesregierungen – auch verfassungsrechtlich – kein Problem, die Bahntochter InfraGO AG aus dem Konzern herauszutrennen und »in Staatshand« zu legen (gänzlich privatisieren lässt sie sich dem Grundgesetz zufolge ohnehin nicht). Das hieße für den dann stark geschrumpften Konzern Deutsche Bahn AG, dass er nur noch ein Nutzer von Netz und Bahnhöfen, also ein Marktteilnehmer unter anderen Eisenbahnunternehmen wäre und zudem privatisiert oder an die Börse gebracht werden könnte. Aber verweist nicht die desolate Betriebsqualität mit ihren vielen Verspätungen, Zugausfällen und den hohen Entschädigungszahlungen an Bahnkunden fast schon glasklar auf das Versagen der organisatorisch getrennten Trasse und Traktion? Die Bundesnetzagentur spricht von einem »deutlichen Anstieg« der Zahlungen. Was Wunder. Allein die DB zahlte nach Angaben ihres Sprechers 2022 Entschädigungen in Höhe von 92,7 Millionen und 2023 von sagenhaften 132,8 Millionen Euro aus.[169]

Es gibt neben den von neoliberalen Ökonomen behaupteten Vorteilen der Trennung zweifellos gewaltige Nachteile. Sie zeigten sich zum Beispiel in Frankreich, wo aufgrund der großen Qualitäts- und Kostenprobleme die Eisenbahninfrastruktur 2015 wieder in die nationale Bahngesellschaft SNCF integriert wurde. In Belgien war es ähnlich. Massive Probleme entstanden nach der in den 1990er Jahren erfolgten Bahnprivatisierung in Großbritannien. Da der private Betreiber der Infrastruktur das System stark vernachlässigt hatte und es zu Unfällen kam, wurde das Netz 2002 wieder verstaatlicht. Seitdem ist Network Rail verantwortlich für die Instandhaltung und Modernisierung der Gleisanlagen. Auch hinsichtlich des von verschiedenen Privatisierungsformen geprägten ineffizienten und teuren britischen Schienenverkehrssystems wurde die Forderung nach einer Wiederverstaatlichung immer lauter.[170] Zumal die mehr als 25 zumeist privaten Eisenbahnunternehmen als Franchisenehmer einzelner Strecken mit immer mehr Ausfällen und starken Preissteigerungen nicht geizten. 2023 rief die Regierung schließlich die staatliche Dachgesellschaft Great British Railways (GBR) ins Leben, unter der die privaten Anbieter fortan operieren sollten.[171]

Die im Sommer 2024 gewählte neue Labour-Regierung plant eine weitgehende Verstaatlichung der noch privat betriebenen zahlreichen Eisenbahnverbindungen. Und zwar sobald deren Verträge auslaufen oder wegen vertraglicher Verstöße oder auch Insolvenz vorzeitig aufzulösen sind. Die 2023 von der konservativen Vorgängerregierung gegründete Gesellschaft GBR wird umfangreiche Befugnisse erhalten – von der Betriebssteuerung und den Investitionsentscheidungen bis hin zum Ausbau der Sicherheit. Bereits Ende 2025 sollen in Großbritannien fast drei Viertel aller Personenzüge auf wieder verstaatlichten Bahnstrecken verkehren.

Fest steht, dass Bahnunternehmen wie etwa die Schweizerischen Bundesbahnen (SBB) oder die Luxemburger Société Nationale des Chemins de Fer Luxembourgeois (CFL), die in öffentlicher Hand sind und gemeinwirtschaftlich dichten Zugverkehr mit hoher Qualität betreiben, den integrierten Betrieb von Trasse und Traktion als vorteilhaft betrachten. Jedenfalls sind die Interessen eines verselbstständigten Schienennetzbetreibers und die eines Eisenbahnverkehrsunternehmens zum einen nicht deckungsgleich und zum anderen kontraproduktiv – wie die nur auf dem Papier »integrierte« Deutsche Bahn AG lehrt, deren Verkehrs- und Infrastrukturbereiche seit 1994 rechnerisch und organisatorisch getrennt und in Konkurrenz zueinander operieren und dabei extrem viel Qualität und Zuverlässigkeit verloren haben.

So benötigt der Personenzugbetreiber an den Bahnhöfen Sitzplätze, Proviantangebote, Personal und Informationen für seine Fahrgäste und sieht die Ansiedlung weitgefächerter Einkaufszentren als verzichtbar an, während das Infrastrukturunternehmen die Kosten für den Bahnhof etwa durch Personaleinsparungen zu drücken versucht und auf Einnahmen durch möglichst viele Geschäftsansiedlungen oder den Verkauf von Empfangsgebäuden setzt. Eine nähere Inaugenscheinnahme deutscher Bahnhöfe und Bahnanlagen reicht, um das nachzuvollziehen.

Angenommen, für ein Eisenbahnverkehrsunternehmen (EVU) sind sämtliche Kosten für den Zug, die Energie, das Personal und nicht zuletzt die Stations- und Trassengebühren höher als die erwarteten Einnahmen. Dann wird es in aller Regel selbst bei hoher Nachfrage keinen zusätzlichen Zug fahren lassen oder sogar vorhandene Verbindungen streichen. Ein tatsächlich integriertes Bahnunternehmen hingegen, wie es etwa die ehemalige Bundesbahn war, betrachtet einen Großteil der Ausgaben für die Trasse als unveränderlich, wobei jeder zusätzliche Zug zwar den Verschleiß der Gleise erhöht, aber eben auch zur Deckung der allgemeinen Aufwendungen beiträgt. Nun erzwingt die mit dem sogenannten Wettbewerb von zahlreichen Eisenbahnverkehrsunternehmen einhergehende unternehmensrechtliche und operative Trennung von Infrastruktur und Betrieb die Erhebung von Trassenentgelten und Stationsentgelten, was sich insbesondere im

SPNV in den Infrastrukturkosten der EVUs niederschlägt. Im Jahr 2022 mussten sie rund 39 Prozent ihrer Umsätze dafür entrichten.[172]

Soll sich die Zahl der Fahrgäste und der Gütertransporte wie angekündigt wirklich stark erhöhen, müssen mehr Züge eingesetzt werden, sind Erweiterungen und der Ausbau des Schienennetzes durch Überleitstellen, Ausweichgleise und Gleisanschlüsse für Güterwagen erforderlich. Mehr Züge können jedoch nicht rollen, wenn das lange vernachlässigte Netz nur saniert, aber wie zu befürchten ist, mangels Geld nicht ausgeweitet und mit mehr Kapazität ausgestattet wird, also nicht mehr rollendes Material aufnehmen kann. Ob nun das eigenständige Infrastrukturunternehmen tatsächlich bereit und in der Lage ist, die dadurch entstehenden Kosten zu tragen, ist ungewiss. Die Zuschüsse des Staates jedenfalls sind alles andere als eine sichere Bank.

Ein integriertes Bahnunternehmen wiederum vermag die Investitionskosten in die Infrastruktur mit den Einnahmevorteilen des ausgeweiteten Zugbetriebs zu verrechnen und dürfte die erforderlichen Ausbauschritte schon aus Eigeninteresse vornehmen. Im Übrigen erfordert die begonnene Umstellung der Zugsicherung auf das European Train Control System (ETCS) aufeinander abgestimmte Veränderungen am Netz und – technisch aufwendiger – an den Zügen, was aus einer Hand sicherlich reibungslos, also ohne Komplikationen, zu realisieren wäre.[173]

Wie das Schienenleben so spielt, lassen sich gewisse Interessengegensätze mit gesetzlichen Regulierungen sicherlich mildern. Das Eisenbahnregulierungsgesetz (EReGG), das den Wettbewerb im »Eisenbahnmarkt« regelt, wird ohnehin stetig an unvorhergesehene Probleme angepasst.[174] Aber solange eine unternehmerische und organisatorische Trennung zwischen Zugverkehr und Infrastrukturausgestaltung besteht, ist dies die Mutter aller Probleme und stellt im Grunde das größte Problem dar. Die eigentumsrechtliche Trennung von Netz und Zügen endet in einem organisatorisch gespaltenen Betriebsprozess, der die Betriebsqualität noch stärker als bislang schon verschlechtern wird. Die wachsenden funktionalen Defizite im Bahnsystem, da sind sich viele Bahnexperten und gestandene Eisenbahnerinnen und -bahner sicher, erfordern, dass Trasse und Traktion aus einer Hand geführt werden. Kurz, die möglichst enge Verzahnung von Netz und Zügen war immer sinnvoll, ist sinnvoll, und muss das schon aus Effizienzgründen künftig wieder sein.[175]

Zu befürchten steht, dass die DB InfraGO AG als Einstieg in die Zerschlagung und Privatisierung der Deutschen Bahn missbraucht wird.

Nach dem gescheiterten Börsengang merkte der heutige Bahnchef Richard Lutz an, der Börsengang sei nur verschoben, nicht aufgehoben. Das lässt nichts Gutes ahnen. Was quakt denn da aus dem Lautsprecher?

Alle Anschlusszüge sind aus dem Wettbewerb geflogen.

Völlig abgefahren – der SPNV

Eines der Kernelemente der Bahnreform war die Übertragung der Zuständigkeit für den öffentlichen Schienenpersonennahverkehr (SPNV) vom Bund auf die Länder. Sie wurde zum 1. Januar 1996 vollzogen und führte zu verschiedenen Regelungen in den Bundesländern, die diese neuen Aufgaben zumeist an regionale Organisationen, die sogenannten Aufgabenträger, weitergaben. Grundsätzlich legen die Aufgabenträger die »ausreichende Verkehrsbedienung der Bevölkerung« fest und ermitteln den Transportbedarf.

Die Materie des regionalisierten SPNV ist eine recht komplexe und – im Hinblick auf die in den sechzehn Bundesländern unterschiedlich praktizierten Vorgehensweisen – eine nur mühsam nachvollziehbare. Den Benutzungsbedingungen der DB InfraGO AG zufolge dient der Schienenpersonennahverkehr »überwiegend der Beförderung von Personen im Stadt-, Vorort- oder Regionalverkehr«, wenn ein Zug »mehrheitlich Reisende befördert, deren Reiseweite 50 km oder deren Reisezeit eine Stunde nicht überschreitet«. Ausgeschlossen sind »Verkehre, die zwei Metropolbahnhöfe mit einer Durchschnittsgeschwindigkeit von mindestens 130 km/h verbinden«.[176] Die 93 Kilometer lange Strecke zwischen den Metropolen Bremen und Hamburg zum Beispiel wird sowohl vom SPNV als auch vom SPFV genutzt. Im Rahmen des schnellen Regionalverkehrs sind doppelstöckige Triebwagen mit dem Logo metronom unterwegs. Sie fahren zwar knapp siebzig Minuten lang, aber eben nicht schneller als durchschnittlich 130 km/h. Und nun wird es spannend, denn am Beispiel der metronom Eisenbahngesellschaft mbH lassen sich die nach der Bahnreform entstandenen profitheischend verqueren Unternehmens- und Eigentumsstrukturen gut erhellen.

Nach der 1996 erfolgten Regionalisierung einigten sich die Bundesländer Bremen, Hamburg und Niedersachsen darauf, ein neues Eisenbahnverkehrsunternehmen zu gründen und die Regionalexpress-Leistungen auf den Strecken Bremen–Hamburg und Hamburg–Uelzen im Zuge einer Ausschreibung zu vergeben. Ihre 2002 aus der Taufe gehobene Eisenbahngesellschaft erhielt (nach einem Rechtsstreit) den Namen metronom. Die Gesellschafterstruktur bestand ursprünglich aus drei Unternehmen. Nach dem 2018 erfolgten Ausstieg der

Bremer Straßenbahn AG halten gegenwärtig die Gesellschaften NiedersachsenBahn (mit 73,58 Prozent) und BeNEX (gehört zur britischen International Public Partnerships Ltd., einem Investor in Infrastrukturprojekte weltweit) mit 26,42 Prozent die Anteile. Als Betriebsgesellschaft der metronom fungiert die NiedersachsenBahn GmbH mit Sitz in Celle. Sie wiederum ist ein Gemeinschaftsunternehmen der Osthannoversche Eisenbahnen AG (OHE = 60 Prozent) aus Celle und der staatlichen Eisenbahnen und Verkehrsbetriebe Elbe-Weser GmbH (EVB = 40 Prozent) aus Zeven. In dieses Bild gehört, dass 2006 die Mehrheit an der OHE vom Land Niedersachsen, der Bundesrepublik Deutschland und der DB Regio nach einem Bieterverfahren an die Arriva-Bachstein GmbH verkauft wurde. Dieses Unternehmen operiert seit 2011 als Netinera-Bachstein GmbH und hält 87,5 Prozent der OHE-Anteile – die restlichen 12,5 Prozent gehören einigen Landkreisen und Gemeinden. Nicht zu vergessen: An der EVB in Zeven sind mit 59 Prozent die Hannoversche Beteiligungsgesellschaft Niedersachsen, mit 24 Prozent das Land Niedersachsen und mit 17 Prozent Landkreise und Gemeinden aus der Elbe-Weser-Region beteiligt. Entscheidend ist, dass die Netinera GmbH, der exakt 95,33 Prozent der Netinera-Bachstein GmbH gehören, indirekt inzwischen die Mehrheit des Kapitals der metronom Eisenbahngesellschaft kontrolliert und deren größter Anteilseigner ist. Es kann also nicht schaden, in die Bücher von Netinera zu schauen – eines der größten Verkehrsunternehmen in Deutschland.

Die Netinera GmbH mit Sitz in Berlin ist hierzulande seit 2004 im Personennahverkehr auf den Schienen und Straßen aktiv. Im Schienenverkehr laut eigenen Angaben mit »Alex, enno, erixx, metronom, oberpfalzbahn, ODEG, trilex, vlexx, vogtlandbahn, waldbahn«. Im Internetauftritt wird übrigens nicht verschwiegen, in wessen Wachstums- und Profitinteresse der Betrieb des Schienenpersonennahverkehrs in verschiedenen Regionen Deutschlands erfolgt: dem der Muttergesellschaft. Denn Netinera »gehört zur Italienischen Staatsbahn Trenitalia und ist somit Teil des drittgrößten Verkehrskonzerns in Europa«.[177] Interessanterweise gab im März 2024 die metronom Eisenbahngesellschaft bekannt, sie habe sich wegen finanzieller Verluste mit der Landesnahverkehrsgesellschaft Niedersachsen mbH (LNVG) über einen vorzeitigen Ausstieg aus dem bis 2033 abgeschlossenen Verkehrsvertrag »Hanse-Netz« für die Strecken Hamburg–Lüneburg–Uelzen, Uelzen–Hannover–Göttingen und Hamburg–Bremen zum Juni 2026 geeinigt. Zum weiteren Geschehen lässt das Unternehmen wissen: »Sämtliche Arbeitsverträge werden in einen neuen Verkehrsvertrag übernommen, egal welches Verkehrsunternehmen diesen dann erhält. Und wir gehen fest davon aus, dass es der metronom sein wird.«[178] Finanzielle Verluste? Und das trotz der vom Netinera-Konzern für sich reklamierten »innovativen Expertise« – sprich Kompetenz? Offenbar ging die metronom Eisenbahngesellschaft bis zum Sommer 2024 von nicht eintreffenden oder unzureichenden Konkurrenzangeboten aus. Anfang Juli verdeutlichte jedoch ein Sprecher der Landesnahverkehrsgesellschaft Niedersachsen, die Regionalbahnstrecken des sogenannten Hanse-Netzes würden ab Mitte 2026 aufgeteilt und an zwei getrennte Bahnfirmen vergeben werden, von denen bestenfalls eine metronom sein könne.[179]

Es wird Zeit für eine Annäherung an die Problematik aus einer anderen Perspektive. Wie es scheint, hat sich der Schienenpersonennahverkehr seit der Regionalisierung 1996 bestens entwickelt – jedenfalls hat sich bis 2023 die Zahl der Reisenden so gut wie verdoppelt und dürfte das neu eingeführte Deutschlandticket für weiteres Wachstum sorgen. Einen Anteil an dieser Entwicklung haben sicherlich das durch die Bundeszuschüsse verbesserte SPNV-Angebot mit moderneren Zügen sowie die stetige Zunahme der Pendeldistanzen zur Arbeit. Laut dem Bundesamt für Bauwesen und Raumordnung legten 2022 von den 20,3 Millionen sozialversicherungspflichtig Beschäftigten 7,1 Millionen auf dem Weg zur Arbeit mehr als dreißig Kilometer zurück (2021: 6,6 Millionen) und 3,9 Millionen sogar mehr als fünfzig Kilometer (2021: 3,6 Millionen).[180]

Ob die seit 1996 erreichte Verdopplung der Verkehrsleistung des Personennahverkehrs sowie die erhöhte Zugtaktung auf der Schiene nicht auch vom SPNV einer neu aufgestellten Deutschen Staatsbahn hätte erreicht werden können, ist durchaus keine rein rhetorische Frage. So wurde die einst politisch angekündigte deutlich bessere Qualität von den vielen Eisenbahnverkehrsunternehmen nur bedingt erreicht. Denn auch im SPNV sind Pünktlichkeit und Zuverlässigkeit keinesfalls gewährleistet und sorgen Fahrzeug- und Personalmangel dafür, dass in einigen Regionen der Bundesländer das Angebot und die Sitzplatzkapazitäten von den beauftragten EVUs nur eingeschränkt erbracht werden. Der Ausschreibungswettbewerb hat nicht zu einer Stärkung, sondern zu einer Schwächung des Eisenbahnwesens geführt. Dirk Schlömer, Vorstand von *mobifair*, vermerkte am Jahresende 2023 ernüchtert: »Die Erfahrungen aus 28 Jahren Wettbewerb zeigen deutlich, dass die so oft behauptete Erfolgsgeschichte des Wettbewerbs im deutschen SPNV, der zu besserer Qualität und billigeren Preisen führen sollte, eben doch nur ein schlechtes Märchen ist.«[181]

Vor allem aber ist der vielbeschworene Wettbewerb unnötig teuer erkauft worden. Zum einen aufgrund der enorm aufgeblähten Verwaltungs- und Marketingkosten durch die gegenwärtig insgesamt 27 Aufgabenträger in den Bundesländern und die von ihnen neben der DB Regio AG eingesetzten mehr als 50 verschiedenen EVUs, zum anderen infolge von Insolvenzen. Dazu weiter unten mehr. Finanziert wird der SPNV überwiegend mit einem Betrag aus dem Steueraufkommen des Bundes und in geringerem Maße durch Fahrgeldeinnahmen der Eisenbahnunternehmen – siehe Grundgesetz, Artikel 106a und Paragraph 6 Eisenbahnregulierungsgesetz (ERegG).[182] Im Rahmen der Eisenbahnregulierungsgesetz-Novelle von 2022 wurden die Regionalisierungsmittel um eine Milliarde Euro und die jährliche Dynamisierungsrate für die Folgejahre auf 3 Prozent erhöht. Insgesamt flossen im Jahr 2022 exakt 14,4 Milliarden Euro vom Bund an die Länder.[183] Ob diese Milliarden an Steuergeldern wirtschaftlich sinnvoll verwendet werden, ist angesichts des vorhandenen Labyrinths an Verbünden zumindest fraglich.

Deutschland besteht gegenwärtig aus einem irrgartenartigen Gebilde von rund achtzig Verbünden und Tarifgemeinschaften, die uneinheitlich organisiert sind und sich vom Aufgabenumfang her unterscheiden. Rund ein Drittel sind Unternehmensverbünde, ein weiteres Drittel wird von Gebietskörperschaften getragen, und das dritte Drittel besteht sozusagen aus Mischformen. Die Aufgaben der Verbünde gestalten sich jeweils spezifisch – einige legen als Tarifverbund nur die Fahrpreise fest und verteilen die Erlöse, andere bewerkstelligen als Verkehrsverbund zusätzlich die Ausschreibung und die Vergabe von Verkehrsleistungen, die Verkehrsplanung und das Marketing. Die Verantwortung für den Schienenpersonennahverkehr obliegt in den sechzehn Bundesländern zurzeit 27 Aufgabenträgern, die gemäß EU-Vorgaben und einem Urteil des Bundesgerichtshofes die SPNV-Leistungen zwingend – und also aufwendig – europaweit ausschreiben müssen (von einigen Ausnahmefällen abgesehen).

Der sogenannte Wettbewerb unter den Eisenbahnunternehmen wurde bei den Ausschreibungen bislang hauptsächlich über den Preis ausgetragen. Sie sicherten vertraglich zu, auf bestimmten Strecken zehn, zwölf oder fünfzehn Jahre lang die Zugverbindungen zu gewährleisten, setzten das Gesamtbudget dafür im Angebot im unteren Level an und forderten offenbar zu wenig Geld, um den gestellten Aufgaben tatsächlich sach- und tarifgerecht gerecht zu werden. Nach dem Erhalt des Zuschlags beschaffen sich die Unternehmen dann Züge und stellen Lokführer und Zugbegleiter ein. Schon aufgrund der an die

Eigentümer abzuführenden Rendite nutzten die Regionalverkehrsanbieter zunächst vor allem die Einsparmöglichkeiten beim Personal, beim Einkauf und bei der Wartung der Züge. In der Folge kam es zu Zugausfällen, etwa weil Lokführer gekündigt hatten oder weil Loks oder Wagen »streikten«.

Neuerdings erweist sich neben der aus Unzufriedenheit resultierenden Personalfluktuation der Fachkräftemangel als zusätzliches Risiko während der Vertragslaufzeit. Fest steht, dass die Bahnunternehmen seit Längerem immer höhere Strafzahlungen wegen Zugausfällen, Unpünktlichkeit und Qualitätsmängeln aufbringen müssen. Die in den Bundesländern von den Aufgabenträgern jährlich je in Höhe von vielen Millionen Euro eingeforderten Strafzahlungen helfen den leidenden Fahrgästen freilich nicht. Die Bundesnetzagentur beziffert die Höhe der 2022 von den Eisenbahnverkehrsunternehmen entrichteten Buß- und Strafzahlungen auf rund 272 Mio. Euro und fügt an: »Seit dem Jahr 2020 steigt der Wert an.«[184]

Zu Beginn des Jahres 2024 führte die Deutsche Bahn mit der DB Regio AG und deren Tochtergesellschaften nur mehr knapp 60 Prozent der regionalen Eisenbahnverkehre durch. Eisenbahnen im Staatsbesitz anderer EU-Mitgliedstaaten, die hierzulande mit staatlichen Geldern versehene »Markt«-Anteile halten, kamen auf immerhin rund 20 Prozent. Allein in Nordrhein-Westfalen bewerkstelligen insgesamt 17 verschiedene Eisenbahnunternehmen den Schienenpersonennahverkehr. Von A wie Arriva Personenvervoer Nederland B. V. über N wie National Express Rail GmbH bis S wie Société nationale des chemins de fer belges und W wie WestfalenBahn GmbH.[185] In dem großen Bundesland zeigen laut dem Infoportal »SPNV-Vergaben« jüngere Marktentwicklungen »eine zunehmende Konzentration der Anbietenden auf wenige international operierende Konzerne, die entweder mehrheitlich durch die europäischen Staatsbahnen bestimmt sind oder Beteiligungen großer internationaler Mischkonzerne darstellen«. Zudem ist dem Portal zufolge »davon auszugehen, dass sich mittelständisch strukturierte Unternehmen in kommunaler oder rein privater Trägerschaft nur in Marktnischen des SPNV-Markts behaupten können«.[186]

Bezeichnenderweise werden in allen Bundesländern Staatsbahn-Ableger aus anderen EU-Ländern mit deutschen Steuergeldern unterstützt. Ihr Wirken geht am Sinn und Zweck des Einsatzes öffentlicher Mittel vorbei. Und zwar schon deshalb, weil deren »Wettbewerbsleistung« auf den hiesigen Schienen im Zweifelsfall darin besteht, ihre Verkehrsvertragsangebote nicht erfüllen zu können. In NRW geriet beispielsweise 2022 die Abellio Rail GmbH, eine Tochter der

Beteiligungsgesellschaft Abellio Deutschland, die wiederum dem staatlichen niederländischen Bahnkonzern Nederlandse Spoorwegen (NS) gehört, in die Insolvenz. Deshalb musste 2023 der Betrieb von fünf »Wettbewerbsnetzen mit insgesamt 14 Nahverkehrslinien« durch andere Eisenbahnverkehrsunternehmen übernommen werden.

Apropos Abellio. Im Frühjahr 2024 wurde bekannt, dass die Gesellschafteranteile der niederländischen Staatsbahn an Abellio in Deutschland in die Hände der Beteiligungsholding BeNEX kommen. Die Transaktion umfasst die Eisenbahnverkehrsunternehmen Abellio Rail Mitteldeutschland GmbH mit SPNV-Linien in Thüringen und Sachsen-Anhalt, die WestfalenBahn GmbH und die Servicegesellschaft PTS GmbH. BeNEX fungiert bereits als Mitgesellschafter der Verkehrsgesellschaften nordbahn, metronom, ODEG, cantus und agilis.[187] Die Konkurrenzsituation im SPNV entspricht quasi täglich weniger den EU-Wunschvorgaben.

Zwar ermöglichte die Ausschreibung von Bahnverkehren ab 1996 einen zumeist als Unterbietungswettbewerb von Tochterfirmen unionseuropäischer Staatsbahnen um deutsche Linien geführten Kampf, bei dem manche sehr hohe Risiken eingingen, um Verkehrsleistungen zu gewinnen. Als aber im frühen 21. Jahrhundert in den Ausschreibungen der zahlreichen Aufgabenträger die Vorgaben immer strikter wurden, gerieten sie für so manches Eisenbahnverkehrsunternehmen zu einer Kostenfalle. Dirk Schlömer verdeutlicht, was passierte:

> Die Ausschreibungs- und Vergabepraxis der Aufgabenträger hat sich in den vergangenen Jahren deutlich gewandelt: Standen früher funktionale Ausschreibungen im Vordergrund, die den bietenden EVU einen breiten Spielraum über das Wie der Verkehrsleistungserbringung ließen, hat sich das Bild völlig gewandelt: Extrem detaillierte Vorgaben und vorformulierte Verkehrsverträge lassen den bietenden EVU kaum mehr Spielraum für eigene unternehmerische Ideen und Akzente. Vereinfacht gesagt: Zog früher eine knappe Ausschreibung ein ausführliches Angebot der EVU nach sich, ist es heute anders herum: Aufgabenträger entwerfen eine Ausschreibung über viele Aktenordner, und die EVU geben ein Angebot auf einer DIN-A4-Seite ab. Im Zentrum steht dabei fast ausschließlich der durchschnittliche Preis pro Zugkilometer, der sich ergibt, wenn das EVU genau die Vorgaben des Aufgabenträgers erfüllt, die nicht immer die realen Betriebsbedingungen widerspiegeln.[188]

Tatsächlich ging es den Aufgabenträgern bald nicht nur um die Einhaltung von Fahrplänen, die Fahrkartenpreise und die Ausstattung der Züge, sondern zunehmend auch um Ausbildungsquoten, Personaltarife und Sollstärken bei den verfügbaren Arbeitskräften. Und das blieb nicht folgenlos. Die Margen sanken bei einigen Unternehmen so sehr, dass sie den Eisenbahnverkehr einstellen mussten oder wie im Fall von metronom den Verkehrsvertrag auflösten. Der Ausschreibungswettbewerb selbst gipfelt in einem großen bürokratischen Aufwand sowohl für die zuständigen staatlichen Stellen als auch für die sich bewerbenden Bahnunternehmen. Einmal abgesehen von der schwierig zu klärenden Frage, wie hoch die Kosten des SPNV-Ausschreibungswettbewerbs tatsächlich sind, werden durch die Vergabeverfahren immer höhere Summen der Verkehrsleistung entzogen und in der administrativen Steuerung »verfeuert«. Davon profitieren zumal und nicht zu knapp Unternehmensberatungen und juristische Kanzleien, und die wachsende Zahl von Klageverfahren vor Vergabekammern und Gerichten geht nicht minder stark ins Geld.[189]

Der fälschlich als Wettbewerb bezeichnete Versuch von Eisenbahnen im Staatsbesitz, ihre Tochterunternehmen in anderen EU-Mitgliedstaaten so lange um mit öffentlichen Geldern subventionierte Schienenverkehrsanteile kämpfen zu lassen, bis deren Geschäfte verlustreich verlaufen, ist eine der Fehlentwicklungen, die für den deutschen SPNV extrem unnötige Ausgaben produziert. So mussten zum Beispiel nach der Pleite der Staatsbahn-Töchter Abellio (NS) und Keolis (SNCF) die Aufgabenträger in gleich vier Bundesländern einen dreistelligen Millionenbetrag aus Steuergeldern für aus der Not erfolgte Neuvergaben und Nachverhandlungen geradezu durch den Schornstein jagen.

Seit einigen Jahren gibt es den politisch so gewünschten Wettbewerb unter den konkurrierenden Eisenbahnverkehrsunternehmen eigentlich nur noch als Fiktion. Jedenfalls gehen laut *mobifair* gegenwärtig pro Ausschreibung eines Aufgabenträgers durchschnittlich nur noch 1,7 Angebote ein.[190] Einen für Bahnreisende wirksamen Wettbewerb gibt es ohnehin so gut wie kaum, weil sie sich in aller Regel gar nicht zwischen verschiedenen Anbietern entscheiden können. Schließlich kann zu einer gewünschten oder unaufschiebbaren Reisezeit ja nur der Zug eines Eisenbahnunternehmens die Linie befahren. Im Übrigen können Pendlerinnen und Pendler bei regelmäßig ausfallenden oder häufig verspäteten SPNV-Zügen nicht ohne Weiteres in Waggons des Fernverkehrs einsteigen, weil in denen bestimmte Fahrkartenvarianten und auch das Deutschlandticket nicht gelten. Und wenn sie in Schleswig-Holstein den Schienenpersonennahverkehr nutzen möchten, werden sie ab 2025 erfahren, was es bedeutet, wenn »zwei Prozent der bestellten Verkehrsleistung« zur Erfüllung von Einsparzielen des Verkehrsministers einfach gestrichen sind.[191]

Der aus vielen räumlichen und zeitlichen SPNV-Monopolen bestehende »Markt« ist ein unnötig teures Unterfangen. Weil jedes der vielen Bahnunternehmen zwangsläufig Werkstätten und anderes mehr unterhalten muss, entfallen die zeit- und kostensparenden Synergieeffekte einer mit historisch gewachsenen Organisationsstrukturen agierenden Staatsbahn aus den Tagen vor der Bahnreform. Da die Nahverkehrsverträge nicht länger als fünfzehn Jahre laufen, sind nicht zuletzt die mit einer Nutzungsdauer von bis zu dreißig Jahren kalkulierten Züge ein Kostenrisiko – je nach Wiedereinsatzgarantie des Aufgabenträgers. Eben deshalb stellen die Bundesländer verstärkt sogenannte Fahrzeugpools zusammen, deren Züge von dem jeweils beauftragten Eisenbahnverkehrsunternehmen (EVU) betrieben werden.

Haben wir bald neben der dem Bund gehörenden Deutschen Bahn AG weitere sechzehn Deutsche Bundesländerbahnen? Den internationalen Finanzinvestoren würde das gefallen. Sie legen das Kapital von Versicherungen und Rentenfonds in den Fahrzeugflotten des SPNV an, um aus den Leasingforderungen, die aus den Regionalisierungsmitteln des Bundes beglichen werden, ihre Gewinne zu ziehen.[192] Wenn nicht alles täuscht, geht die notwendige und im 20. Jahrhundert übliche Gesamtverantwortung für das Bahnsystem mit dem natürlichen Monopol von Infrastruktur, Fahrzeugen und Zugbetrieb gerade verloren. Ist es wirklich sinnvoll, mit unseren Steuergeldern zahlreiche im SPNV gegeneinander konkurrierende und teils unseriös gemanagte und fragwürdig vorgehende Eisenbahnunternehmen mittels enorm komplexer Vertragskonstrukte zu finanzieren, die nur mit kostenpflichtiger Hilfe externer Berater und Rechtsanwälte zustande kommen? – Zumal durch die vielen unterschiedlichen Unternehmen und die organisatorische Trennung von Netz und Betrieb so gravierende wie unnötige Probleme im Betriebsablauf entstehen. Ich höre gerade die Ansage:

Bitte zurücktreten. Der Zug ist überfüllt.
Grund dafür ist das Deutschlandticket.

Deutschland im Ticket

»Für mehr Klimaschutz und einen attraktiveren ÖPNV« stellt die Bundesregierung den Ländern seit 2023 jährlich 1,5 Milliarden Euro für das Deutschlandticket (D-Ticket) zur Verfügung.[193] Da das in den Sommermonaten 2022 vermarktete 9-Euro-Ticket zu einer deutlichen Steigerung der Verkehrsnachfrage im SPNV geführt hatte (wobei der SPFV keine Einbußen erlitt), gibt es seit dem 1. Mai 2023 den Nachfolger zum Preis von 49 Euro pro Monat.[194] Das D-Ticket ist bundesweit in allen Nahverkehrszügen, S-Bahnen sowie Bussen und Trams des Öffentlichen Personennahverkehrs gültig und verhilft zu einem preisgünstigen und einfachen Zugang, bei dem sich unsereins zum Beispiel nicht fragen muss, ob es für drei oder mehr Tarifzonen gilt. (Achtung: keine kostenfreie Mitnahme von Fahrrädern oder Hunden.)

Mehr als elf Millionen Menschen nutzen laut Angaben der Bundesregierung inzwischen monatlich das umfangreiche Angebot – knapp über die Hälfte davon digital per Smartphone. 95 Prozent der Ticketinhaberinnen und -inhaber sind mit dem Angebot zufrieden; 75 Prozent wollen es dauerhaft wahrnehmen. Im Wortlaut der professionellen Regierungsbeschönigung: »Die vereinfachte Tarifstruktur und die Möglichkeit, das Ticket online zu kaufen und zu nutzen, haben neben dem attraktiven Preis zum Erfolg des Deutschlandtickets beigetragen.«[195] Eine deutliche finanzielle Entlastung gewährt das 49-Euro-Ticket Nutzerinnen und Nutzern, die regelmäßig mittlere Strecken zurücklegen oder stark auf den ÖPNV angewiesen sind; nicht zuletzt all den Pendlerinnen und Pendlern, die im »Speckgürtel« der Metropolen oder noch weiter entfernt wohnen.

Viele (Fach-)Leute begrüßen das D-Ticket als sinnvolle Maßnahme zum Vorantreiben der Verkehrs- bzw. Mobilitätswende. Schließlich hat es bereits ein Zehntel der Nutzerinnen und Nutzer zum Umstieg vom Auto auf Bahn und Bus ermuntert und stimuliert tendenziell den Verzicht auf der Deutschen »liebstes Kind«.[196] Und weil die Treibhausgasemissionen des Verkehrssektors auf den Straßen und in der Luft die Reduzierungsziele weiterhin deutlich überschreiten,[197] ist das D-Ticket nachgerade eine so notwendige wie alternativlose Möglichkeit, die Menschen bei der Änderung ihres Mobilitätsverhaltens zu unterstützen. Seit dessen Einführung entstehen allerdings finanzielle

Probleme, deren Lösung ausgesprochen kompliziert ist, was niemand unterschätzen sollte, der die Haushaltssituation in Bund, Ländern und Kommunen sowie die der Verkehrsunternehmen zur Kenntnis nimmt.

So erweist sich in den größeren Städten die traditionelle ÖPNV-Monatskarte in aller Regel als fast doppelt so teuer. Lediglich in einigen kleineren Städten, vor allem im Osten, liegt der Preis unter 49 Euro. Schüler-, Sozial- und Semestertickets hingegen sind in vielen Regionen günstiger. Für zahllose den ÖPNV nebst SPNV nutzende Personen lohnt sich der Umstieg auf das D-Ticket fraglos, für die kommunalen Verkehrsbetriebe und SPNV-Eisenbahnbetreiber zieht das jedoch den Verlust von Einnahmen bei gleichbleibender oder gar steigender Nutzungsfrequenz nach sich. Und dies, obwohl viele ihren Aufwand schon durch die üblichen Ausgleichszahlungen nicht ausreichend zu decken vermögen. Ganz zu schweigen von den Steigerungen bei Lohnkosten und Materialpreisen.

Seit der Einführung des 49-Euro-Tickets verstärken sich vielerorts die Finanzierungsprobleme, die eine Neuregelung der staatlichen Zuschüsse dringend erforderlich machen. Zudem teilen sich Bund und Länder die zäh verhandelten Kosten für das D-Ticket zu je 1,5 Milliarden Euro jährlich ohnehin nur bis Ende 2024. Schlimmer noch, dann laufen auch die Corona-Hilfen aus, mit denen der Nahverkehr bisher zusätzlich gestützt worden ist. Kaum zufällig fordern so einige Verkehrsminister der Bundesländer, das Ticket teurer zu machen. Womöglich wird es ab 2025 – etwas? – mehr kosten. Zumal die kommunalen Verkehrsbetriebe ihre Einnahmeverluste wohl kaum durch Fahrpreiserhöhungen oder starke Kostensenkungen ausgleichen können. Ihnen bleibt eigentlich nur die Option der Leistungskürzung (die in den vergangenen Jahren vielerorts mangels Fahrpersonals bekanntlich sowieso unausweichlich war). Deshalb wird sich die politische und haushälterische Aufmerksamkeit weiterhin darauf richten müssen, die Unterfinanzierung und damit die Leistungsdefizite von öffentlichen Nahverkehrsbetrieben zu verhindern.[198]

Ob sich wohl demnächst die Forderung diverser Nichtregierungsorganisationen (NGOs) gegenüber der Regierung erfüllt, Subventionen wie das Dienstwagen- und Dieselprivileg sowie die Steuerbefreiung für Flugbenzin abzuschaffen? Die Milliardenbeträge, die dadurch frei würden, kämen für den notwendigen Ausbau der ÖPNV-Verkehrsinfrastruktur und des Schienennetzes nur wie gerufen. Vor allem auf dem Land, wo das Nahverkehrsnetz viel zu dünn ist. Die Finanzierung eines preislich angemessenen D-Tickets wäre dann auch leichter zu bewerkstelligen.

Wenn der politisch schon fast überstrapazierte Begriff »Verkehrswende« einen Sinn haben soll, dann nur, wenn sich der Anteil des Schienenverkehrs am Modal Split, also am gesamten Verkehrssystem, stetig erhöht. Und dazu dürfte das D-Ticket sicherlich nachhaltig beitragen, vorausgesetzt Zahl und Betriebsqualität der Zugverbindungen sowie der Komfort der Wagen verbessern sich zugleich deutlich. Abschließend soll die womöglich als provokant empfundene Frage nicht fehlen, ob das sehr kostengünstige 49-Euro-Ticket wie auch die fehlende Auto- und Fernbusmaut nicht einen zu großen Anreiz zum Fernpendeln und unnötigen Benutzen kostenträchtiger Verkehrsmittel bietet. Die stetig ausgeweitete Zersiedelung Deutschlands gibt jedenfalls zu denken. Im Regionalexpress fehlt nur noch die Durchsage:

Die nächsten Halte entfallen. Grund dafür ist die Generalsanierung.

Ihre nächsten Busfahrmöglichkeiten

Im Juni 2019 verkündete die DB AG die neue Konzernstrategie »Starke Schiene«. Zu ihren euphemistischen Zielen bis 2030 gehört die »Verdopplung der Passagierzahlen im Schienenpersonenfernverkehr« und das »Wachstum des Marktanteils des Schienengüterverkehrs von 18 auf 25 Prozent«.[199] Da ohne umfassende Erneuerung von Gleisen, Weichen, Signalen und Stellwerken eine Verdopplung der Passagierzahlen im Schienenpersonenfernverkehr unrealistisch ist – vom notwendigen Ausbau des Netzes gar nicht zu reden –, hat sich die DB zur »Generalsanierung« von insgesamt vierzig Streckenabschnitten mit einer Gesamtlänge von 4200 Kilometern bis 2030 entschlossen. Dabei soll ein »Hochleistungsnetz« entstehen, bei dem dann angeblich für lange Zeit keinerlei Sperrungen mehr notwendig sind. Die Arbeiten sollen neben der Erneuerung der Infrastruktur und der – wo nötig – Digitalisierung auch die Modernisierung von Bahnhöfen umfassen.

Gebündelt werden die erforderlichen Baumaßnahmen von der DB InfraGO AG, die dafür – um Kosten zu sparen – Vollsperrungen vornehmen lässt. Eine – wohlgemerkt – weltweit ungewöhnliche Vorgehensweise, denn anderswo werden Trassen »unter rollendem Rad« repariert, um den Verkehr nicht allzu sehr zu behindern.

Als erste Trasse wurde ab Juli 2024 die siebzig Kilometer lange Riedbahn zwischen Frankfurt/Main und Mannheim gesperrt, um auf dieser so enorm in Anspruch genommenen Schlüsselstrecke im deutschen Schienennetz die auf fünf Monate veranschlagte Generalsanierung vorzunehmen. Von Mitte August bis Dezember 2024 geht auf der 286 Kilometer langen, alltäglich von etwa 30.000 Fahrgästen genutzten Strecke zwischen Hamburg und Berlin aufgrund von Gleisbauarbeiten so gut wie nichts mehr. Der eingeschränkte ICE-Verkehr wird über Uelzen umgeleitet und Ziele wie Schwerin, Ludwigslust und Wittenberge sind teils nur mit Ersatzbussen zu erreichen. Die daraufhin folgende, auch für fünf Monate angesetzte Vollsperrung für den Ausbau zum »Hochleistungskorridor«, wird nach Abstimmung mit der Bauindustrie freilich länger als zunächst angekündigt dauern – von August 2025 bis mindestens April 2026.[200] Nur zur Erinnerung: Ab dem 15. Mai 1933 verkehrte der Dieselschnelltriebwagen DR 877 auf dieser Strecke. Bei einer Fahrzeit von um die zwei Stunden und zwanzig Minuten erreichte der *Fliegende Hamburger* eine Höchstgeschwindigkeit von bis zu 160 km/h zwischen Hamburg Hauptbahnhof und Berlin Lehrter Bahnhof. Zu jener Zeit war das die weltweit schnellste planmäßige Zugverbindung. Von solchen Quantensprüngen können heutige Bahnkunden auch mit Blick auf Planmäßigkeit nur träumen.

Nach der Mitte Juli 2024 begonnenen »Generalsanierung« der Riedbahn sollen planungsgemäß zwar weitere 4130 Kilometer folgen. Allerdings hat das für den Personenverkehr genutzte Schienennetz insgesamt eine Betriebslänge von rund 34.400 Kilometern. Die Planungen sehen folglich nur die »Generalsanierung« von etwas mehr als einem Zehntel der Trassen vor. Was aber soll mit den mehr als 80 Prozent des Netzes geschehen, die teils nicht minder marode sind? Der 2023 verstorbene Mobilitätsexperte Winfried Wolf kritisierte zu Recht, dass die dringend notwendige Sanierung des gesamten Netzes nicht vorgesehen sei: »Keine Planung für die Abschaffung der mehr als 1000 Langsamfahrstellen im Netz. Keine Planung für die Beseitigung von mehr als 100 Flaschenhälsen, Engstellen, Elektrifizierungslöchern. Keine Planung für die Reaktivierung hunderter Strecken und für den kompletten Ausbau vieler eingleisiger Strecken zu Zweigleisigkeit. Und schon gar keine Planung, wie das aktuelle Netz wieder um mindestens 30 Prozent vergrößert und damit auf den Stand von Mitte der 1950er Jahre gebracht werden könnte.«[201]

Die erste Korridorsanierung und damit Sperrung der maroden Strecke zwischen Frankfurt und Mannheim wurde mit einer Dauer von fünf Monaten angegeben. Fernzüge fahren so lange Umwege, während im Regionalverkehr statt der Bahnen um die 150 langsamere Ersatzbusse unterwegs sind. Verspätungen und verpasste Anschlüsse inbegriffen. Darauf können sich auch die Menschen einstellen, die ab dem August 2025 die viele Monate lang gesperrte rund 280 Kilometer lange Fernverkehrsstrecke zwischen Hamburg und Berlin zu ertragen haben. Und nicht zuletzt 2027 die auf Busse angewiesenen Pendlerinnen und Pendler auf der Strecke zwischen München und Rosenheim. Für das Management der DB Regio AG dürfte der Verlust insofern relativ sein, als sie die bislang mit der Bahn pendelnden Fahrgäste dann mit Omnibussen befördern und der Mehraufwand größtenteils abgefedert wird. Schließlich heißt es in einer Werbebotschaft: »Die DB Regio AG ist der größte Busbetreiber in Deutschland. Unser Kerngeschäft ist der öffentliche Linienverkehr. Aber wir bieten auch viele weitere Services und Dienstleistungen rund um den Bus an.«[202] Im novellierten Bundesschienenwegeausbaugesetz ist übrigens auch festgeschrieben, dass die Deutsche Bahn die Kosten des teuren Ersatzverkehrs mit Bussen lediglich zu 10 Prozent selbst tragen muss. Die Länder haben 50 und der Bund 40 Prozent der Kosten zu übernehmen.[203]

Sollten die »Generalsanierung« und Sperrung der Strecken so kommen wie geplant, werden viele Bahnpassagiere gewiss wieder ins Auto umsteigen und die Bahnspeditionen Lastwagen nutzen, weil es keine geeigneten Ausweichstrecken zur Umfahrung der Baustellen gibt. Jedenfalls müssen Menschen, die auf die Bahn angewiesen sind, noch wenigstens bis Anfang der Dreißigerjahre viel Nachsicht aufbringen – höchstwahrscheinlich wohl eher bis um 2040.

Das Baustellenmanagement der DB InfraGO AG stößt bei den Wettbewerbern auf der Schiene und zumal den Güterverkehrsgesellschaften auf teils heftige Kritik. Gegensätzliche Interessen kollidieren miteinander, weil die Bahntochter auf die jeweils monatelange komplette Streckensperrung der vierzig Gleisabschnitte setzt, um ins Geld gehende Baustellenabsicherungen und den hohen Planungs- und Organisationsaufwand zur Gewährleistung der Fahrplanstabilität zu vermeiden. Die Eisenbahnverkehrsunternehmen aber sind dadurch mit großen Zugumleitungen und Zeitverlusten konfrontiert, die ihre Kosten hochtreiben. In der Schweiz und anderswo erforderliche Bauvorhaben werden deshalb generell »unter rollendem Rad« erledigt, damit der bestehende Schienenverkehr beizubehalten ist. Diese Projekte haben jedoch eine zum Teil deutlich längere Bauzeit und sind durch die aufwendige Verkehrssicherung und die Einrichtung von Provisorien teurer.

Die Güterverkehrsunternehmen gehen davon aus, dass die ursprünglich für fast alle Korridorsanierungen vorgesehenen Vollsperrungen von jeweils fünf Monaten erfahrungsgemäß aufgrund längerer Bauzeiten nicht einzuhalten sind. Ein Beispiel aus der Praxis: Die auf der Zugstrecke zwischen Bremen und Groningen über die Ems führende Friesenbrücke, die 2015 von einem Frachtschiff zerstört wurde, sollte nach elend langer Zeit im Frühjahr 2024 wieder in Betrieb genommen werden. Aufgrund von »Engpässen bei Baumaterialien« kann das aber frühestens im Sommer 2025 geschehen.[204] Und der Verband der Güterbahnen beklagt mit Fug und Recht: »Durch das Umfahren der gesperrten Korridore während der Generalsanierung zwischen 2024 und 2030 vervielfachen sich die Kosten für Energie, Personal und Fahrzeuge, um nur einige wichtige Faktoren zu nennen. Bei einer Weitergabe der Mehrkosten an die Endkunden droht eine Abwanderung von Verkehren auf die Straße. Denn für den von der

Generalsanierung betroffenen Schienengüterverkehr stehen keine gleichwertigen Alternativen zur Verfügung.«[205]

Viele Branchenkennerinnen und -kenner bezweifeln, dass das ehrgeizige Bau- und Umleitungskonzept im angegebenen Zeitrahmen bis 2030 tatsächlich umzusetzen ist. Denn dafür gibt es ihnen zufolge einfach zu wenig Planerinnen und Planer, Ingenieurinnen und Ingenieure und nicht zuletzt geeignete Baufirmen. Für großes Kopfschütteln sorgt bei den Fachleuten zumal die ungeklärte und im Vergleich zum Straßenverkehr dürftige Finanzierung. Apropos Straßenverkehr. Einer Analyse des Netzwerks Europäischer Eisenbahnen (NEE) zufolge erweiterten Bund, Länder und Gemeinden seit der Bahnreform 1994 das deutsche Straßennetz um mehr als 250.000 Kilometer – in den zurückliegenden Jahren also um etwa 192 Kilometer pro Woche. Die Deutsche Bahn hingegen nahm zwischen 1994 und 2024 im Schnitt gerade 1,3 Kilometer neue Trasse pro Woche in Betrieb.[206] 2023 wurde sogar kein einziger Kilometer Neu- oder Ausbau seiner Bestimmung übergeben.

Reparaturvorhaben am Schienennetz und zumal kapazitätserweiternde Ausbauschritte erfordern einen langfristigen Planungsvorlauf. Auch die – immer schwierigere – Suche nach Fachpersonal und die Beschaffung von Werkstoffen und Maschinen durch die Bauunternehmen sind kein Selbstläufer. Eine längerfristig abgesicherte Finanzierung ist folglich zwingend notwendig. In der Schweiz und in Österreich haben sich Infrastrukturfonds bewährt, die den dortigen Bahnen eine Planungssicherheit von bis zu zwölf Jahren geben. Die deutsche Beschleunigungskommission Schiene hat ebenfalls ein Fondsmodell gefordert, das bislang jedoch nicht verwirklicht wurde.[207]

Zwar gewährt die Leistungs- und Finanzierungsvereinbarung (LuFV III) zwischen Bund und DB eine gewisse Sicherheit für Ersatzinvestitionen in die Schienenwege.[208] Die vertraglichen Lösungen haben auf dem Papier immerhin eine knapp zehnjährige Bindung und sogenannte überjährige Mittelverwendung, die auch im Folgejahr nicht verfällt. Da sie aber für andere Volumen und Mittelumschichtungen angepasst werden können, sind sie nicht absolut verlässlich.[209] Wie dem auch sei, die DB AG macht mit der angelaufenen »Generalsanierung« mit Streckensperrung der Eisenbahn wohlgesinnte Fahrgäste zu ungewollten Busmitfahrern und vor allem (wieder) zu Autofahrern. Was höre ich da auf dem Gang?

Die spinnen, die Deutschen Bahner.

Zukunft unter rollendem Rad

Nicht nur wegen der »Generalsanierung« von Schienenstrecken bleibt der Privatwagen gewiss noch lange das mit Abstand beliebteste Verkehrsmittel in Deutschland. Gegenwärtig geben bei repräsentativen Umfragen rund drei Viertel der Bevölkerung ab sechzehn Jahren an, sie könnten auf den Pkw in ihrem Alltag nicht verzichten.[210] Im Jahr 2022 hatte der motorisierte Individualverkehr denn auch einen Anteil von rund 81 Prozent am Modal Split, sprich der Verkehrsmittelnutzung, der Schienenpersonenverkehr hingegen nur von knapp 9 Prozent.[211]

Die persönliche Bevorzugung eines bestimmten Verkehrsmittels hängt stark vom jeweiligen Wohnort ab. Liegt er günstig zu Bahnstationen und Haltestellen des ÖPNV und bieten diese recht eng getaktete Linienverkehre, wird der Wagen häufiger in der Garage gelassen oder gar keiner benötigt. Gut die Hälfte der Einwohnerinnen und Einwohner lebt hierzulande in der Provinz, die gut neun Zehntel der Fläche einnimmt. In den vom ÖPNV nebst SPNV zumeist nur unvollständig versorgten Landgemeinden und Kleinstädten gilt das Autofahren nach wie vor als so gut wie alternativlos.[212] Kaum zufällig passt die gesamte Bevölkerung in Deutschland quantitativ zwar auf die Vordersitze der rund 49 Millionen Autos, aber bei Weitem nicht auf die Sitz- und Stehplätze der von den Eisenbahnverkehrsunternehmen betriebenen Nahverkehrs- und Fernzüge.

Als Maßstab für den Ende 2016 vom Bundeskabinett beschlossenen *Klimaschutzplan 2050*[213] empfiehlt das Umweltbundesamt eine Minderung der Treibhausgasemissionen bis 2050 »um 95 Prozent gegenüber 1990«. Und hebt hervor: »Dazu müsste etwa der Treibhausgasausstoß des Energie- und des Verkehrssektors auf null gesenkt und der der Landwirtschaft halbiert werden.«[214] Der noch größtenteils mit Verbrennern motorisierte Straßenverkehr hat bislang aber noch keinen Beitrag zu einer Minderung geleistet. Sein Anteil an den Gesamtemissionen ist aufgrund der stetig wachsenden Lastwagentransporte und Autofahrten seit 1990 von etwa 13 Prozent auf fast 20 Prozent im Jahr 2022 gestiegen. Das Transportmittel Bahn hingegen erweist sich als deutlich verträglicher für das Klima: Güterzüge sind gut siebenmal klimaschonender als Lastwagen und Fernzüge fast fünfmal klimaschonender als Autos.[215]

Allerdings fehlen zwischen den europäischen Städten nach wie vor gute und direkte Zugverbindungen. Eine 2024 vorgelegte Greenpeace-Analyse der Linien zwischen 45 europäischen Großstädten zeigt, dass sie viel besser mit dem Flugzeug als mit der Bahn verbunden sind. »Von allen 990 Strecken zwischen 45 europäischen Städten können nur zwölf Prozent mit Direktzügen zurückgelegt werden«, gleichzeitig sind jedoch fast sechsmal so viele, sprich »69 Prozent mit einem Direktflug« erreichbar.[216]

Unter den meisten Wissenschaftlern ist unstrittig, dass für das Erreichen der Klimaschutzziele neben grundsätzlicher Verkehrsvermeidung der Schiene der absolute Vorrang eingeräumt werden muss. Ohne eine deutliche Attraktivitätssteigerung der Deutschen Bahn und zusätzliche politische Steuerungseingriffe wird es jedoch kaum gelingen, die Einwohnerinnen und Einwohner vom vermehrten Umstieg auf das kollektive Eisenbahnsystem zu überzeugen und den Gütertransport in großem Umfang auf die Schiene zu verlagern.[217] Zu den denkbaren politischen Eingriffen würde beispielsweise gehören, den Flug-, Auto- und Lastwagenverkehr grundsätzlich und deutlich höher zu besteuern, und im Gegenzug bei der Bahn die Stromsteuer und Erneuerbare-Energien-Umlage (EEG-Umlage) zu streichen sowie auf Bahnfahrkarten keine Umsatzsteuer zu erheben – in Luxemburg ist das Bahnfahren in der 2. Klasse sogar kostenlos.

Seit Beginn der mit so vielen Vorschusslorbeeren bedachten Bahnreform von 1994 hat sich der Anteil der Eisenbahnnutzung am gesamten Verkehrssystem kaum erhöht.[218] Außerdem hat sich das damalige politische Versprechen, die Deutsche Bahn würde »ihr Geld im Wettbewerb am Markt verdienen«, als eine krasse Irreführung der Bevölkerung erwiesen. Denn die Beförderungserlöse der bundeseigenen wie auch der privatwirtschaftlichen Eisenbahnverkehrsunternehmen reichen zur Deckung aller realen Kosten nicht ansatzweise aus. Ohne »im Parlament verdiente« Steuergelder kommt hierzulande kein Nah- und Fernverkehrszug vom Fleck. Es wird höchste Zeit, gesellschaftlich und in den – traditionellen wie sozialen – Medien anzuerkennen, dass eine Exzellenz-Eisenbahn kein Gewinnbringer sein kann und schon gar nicht zum Discountpreis zu haben ist. Ohne verlässliche und deutlich höhere Geldspritzen aus Steuermitteln als bislang kann und wird es kein alltäglich hoch verfügbares Netz geben, das den Anforderungen der Zukunft genügt.

Die große Herausforderung für die Deutsche Bahn und den Bund besteht darin, umgehend die Infrastrukturinvestitionen für den Start des Deutschlandtakts zu beschleunigen. Ursprünglich war dessen bundesweite Umsetzung für 2030 geplant. Aus der Sicht des Schienenverkehrsbeauftragten Michael Theurer (FDP) wird der »für die Verkehrswende wichtige Deutschlandtakt« jedoch erst 2070 »vollständig umgesetzt« sein.[219] Offenbar korrigiert der Staatssekretär mit dieser Aussage die bisherige Prognose, weil die in den zurückliegenden Jahrzehnten gebauten Hochgeschwindigkeitsstrecken nur bedingt in den notwendigen Takt-Gesamtfahrplan passen.

Wie verlautbarte nicht jüngst der Bundesrechnungshof? »Damit das System Eisenbahn seine verkehrs- und klimapolitische Rolle erfüllen kann, braucht es grundsätzliche Reformen – ohne entschiedenes Umsteuern endet das System Eisenbahn auf dem Abstellgleis.«[220] Daran, dass die »integrierte« Deutsche Bahn in eine bedrohliche Krise geraten ist, dürfte kaum jemand zweifeln. Nüchtern betrachtet war und ist es die Chefetage der Konzernholding Deutsche Bahn AG selbst, die seit 1994 mit ihren verselbstständigten Töchtern die Weichen falsch stellt, die die Desintegration vorantreibt und der Infrastruktur schwer schadet.

Die Strukturen der Deutsche Bahn AG dürfen nicht so bleiben, wie sie sind. Obwohl – noch – komplett im Bundesbesitz, ist sie von der staatlichen Aufgabe der Daseinsvorsorge befreit und agiert nicht als Staatseisenbahn, sondern als international ausgerichteter Mobilitätskonzern mit strikt gewinnorientierter Strategie. Nun mangelt es seitens bahnpolitisch engagierter Interessengruppen, Gewerkschaften, Verkehrsexpertinnen und -experten sowie Sachkundigen, die publizistisch tätig sind, nicht an Änderungs- und Verbesserungsvorschlägen für Bund und Deutsche Bahn. Nicht erfüllt werden im Zweifelsfall ihre Forderungen, teure und klimaschädliche Großprojekte wie zum Beispiel Tunnelbauten einzustellen, einen raschen systematischen Ausbau des Schienennetzes in der Fläche vorzunehmen, die Höchstgeschwindigkeit von Fernzügen auf Tempo 200 zu begrenzen, die Zuggattung Interregio wieder zwischen Mittelzentren und beliebten Urlaubsdestinationen einzusetzen und den Deutschlandtakt wie ursprünglich geplant im Jahr 2030 zu starten. Auch der Appell des Mobilitätsexperten Andreas Knie, den seit 1996 vom Schienenpersonenfernverkehr »getrennt organisierten Schienenpersonennahverkehr in seiner jetzigen Struktur aufzulösen«, bleibt höchstwahrscheinlich unberücksichtigt und wirkungslos.[221] Dabei wäre die Wiederzusammenfügung des auseinandergerissenen Nah- und Fernverkehrs auch hinsichtlich des D-Takts sinnvoll. Dass dann zahlreiche Bestellerorganisationen und Bahn-Zweckverbände aufs Abstellgleis müssten, steht auf einem anderen Blatt.

Die bahnversierten Bestsellerautoren Philip Banse und Ulf Buermeyer vertreten die Auffassung: »Die Bahn muss verstehen, was ihr Daseinszweck ist und worin ihre Aufgabe besteht: Sie hat dem Gemeinwohl zu dienen. [...] Konkret muss der Bund als Eigentümer dringend mit der absurd komplexen Konzernstruktur der Bahn aufräumen: Hunderte von Einzelunternehmen müssen in die jeweiligen Muttergesellschaften integriert werden, damit der DB-Konzern auf im Regelfall nur noch zwei Ebenen, im Ausnahmefall drei Ebenen reduziert werden kann. Allein dies könnte viele Millionen Euro im Jahr an überflüssigen Kosten für Verwaltungen, Bilanzen und redundantes Management einsparen.« Und die beiden Autoren und Podcaster ergänzen hinsichtlich der DB InfraGO: »Idealerweise sollte sie aber auch aus dem Konzern herausgelöst und direkt dem Bundesverkehrsministerium unterstellt werden, um politisch die zentralen Weichen für die Zukunft der Bahn ohne den Overhead der DB AG stellen zu können.«[222]

Arno Luik, der die Deutsche Bahn AG »in eine Anstalt des Öffentlichen Rechts« umgewandelt sehen möchte, betont: »Dieser Moloch Bahn AG mit seinen verschiedenen Gesellschaften und Hunderten von Subunternehmen, die seit der Bahnreform 1993/94 krebsartig entstanden sind und sich gegenseitig bekämpfen und lähmen, dieser Moloch muss wieder in eine einheitliche Gesellschaft überführt werden (auch wenn es da mit dem EU-Recht Probleme geben könnte).« Und der Bahnkritiker ergänzt: »Aber Grundvoraussetzung für eine prinzipielle Verbesserung ist eine Politik, die zuallererst überzeugend erklärt: Wir wollen, dass mehr Bürger Zug fahren – und wir werden mit einer durchdachten Steuerpolitik eine sinnvolle Verkehrswende ansteuern.«[223]

Das Netzwerk *Bahn für Alle* plädiert für eine Neu-Konstituierung des Aufsichtsrats (AR) der Deutschen Bahn AG:

Die Bundesregierung bestimmt eine Vertretung des Verkehrsministers und weitere Vertretungen aus den Bahn-affinen Verbänden, z. B. *Pro Bahn, VCD, Bahn für Alle*. Zusammen mit den ArbeitnehmerInnen-Vertretungen wird der AR damit kompetent, die strategische Ausrichtung, Steuerung und Kontrolle der DB AG im Sinne der verkehrspolitischen Ziele ›mehr Verkehr auf die Schiene‹ und ›effizienter Einsatz der Bundesmittel‹ zu leisten. Der Aufsichtsrat erhält dazu einen Kreis von MitarbeiterInnen und wird durch angemessene Ressourcen in die Lage versetzt, die Verantwortlichkeiten effektiv wahrzunehmen. Der Bund veranlasst, dass die DB die Planungen für alle Projekte fristgerecht durchführt und die bereit gestellten Bundesmittel fristgerecht in Baumaßnahmen investiert.

Die Verteilung der Mittel erfolgt regional ausgewogen mit dem Ziel einer angemessenen Systemqualität im ganzen Land.[224]

Carl Waßmuth, der Sprecher von *Bahn für Alle*, geht noch einen Schritt weiter. Aus seiner Sicht lässt die DB AG ihre Fahrgäste und Beschäftigten so sehr im Stich, »dass nur noch eine vollständige Gemeinnützigkeit Abhilfe schaffen kann. Sie wäre zudem verkehrspolitisch zukunftsfest und klimatauglich.« Die von ihm vorgeschlagene Umwandlung der Deutschen Bahn in eine gemeinnützige Aktiengesellschaft (gAG) beinhaltet nicht zuletzt den Wunsch, »dass die DB sich auf ihr Kerngeschäft ›Bahnverkehr in Deutschland‹ (und gegebenenfalls im angrenzenden europäischen Ausland) fokussiert und alle sonstigen, insbesondere Nicht-Schienenverkehrsaktivitäten abstößt«. Und es fehlt auch nicht der berechtigte Hinweis: »Das Eingeständnis des DB-Vorstandes im ›Integrierten Konzernbericht 2023‹, dass man das Netz der DB in den vergangenen Jahren auf Verschleiß gefahren habe, man also vorsätzlich öffentliches Eigentum ruiniert hat, muss personelle Konsequenzen haben. Mit den bestehenden Bahnvorständen ist ein Neuanfang nicht möglich.«[225]

Es wäre zu schön, um wahr zu sein, wenn die Deutsche Bahn wieder als ein zusammenhängendes Staatsbahnsystem grünes Licht erhielte und einzelne Betriebsteile nicht mehr gegeneinander konkurrierten. Und zwar mit einem Management, das nachweislich über die erforderlichen eisenbahntechnischen und verkehrskonzeptionellen Qualifikationen verfügt. Meines Erachtens spricht viel dafür, die DB AG in eine gemeinnützige *Deutsche Eisenbahn gAG* zu überführen. Sie bliebe zwar eine Kapitalgesellschaft in der Rechtsform einer Aktiengesellschaft, deren Erträge beziehungsweise Überschüsse kämen jedoch ausschließlich dem gemeinnützigen Zweck Eisenbahnsystem zugute. Vor allem flössen keine Dividenden mehr an den alleinigen Anteilseigner, den Bund. Versteht sich, dass die neue gemeinnützige Aktiengesellschaft Deutsche Eisenbahn – ebenso wie die als spezialgesetzliche Aktiengesellschaft öffentlichen Rechts eingerichteten Schweizerischen Bundesbahnen – Trasse und Traktion in eine Verantwortung legt. Auch die Wiedereingliederung des kompletten Schienenpersonennahverkehrs sollte – trotz aller damit verbundenen Schwierigkeiten – angestrebt werden. Muss ich noch erwähnen, dass mit der Auflösung der DB Regio AG auch deren Geschäft als »größter Busbetreiber in Deutschland« in andere Hände gehört?

Die Frage, ob die Gründung einer gemeinnützigen Deutschen Eisenbahn gAG im Bundestag und Bundesrat auf mehrheitliche Zustimmung stoßen könnte, lasse ich offen. Aber wer und was hindert eigentlich das deutsche Bundeskabinett daran, mit anderen Regierungen zusammen darauf hinzuwirken, dass die EU-Kommission die verfehlten Elemente der Bahnliberalisierung korrigiert und nicht zuletzt die zerstörerische Vorschrift zur vollständigen unternehmensrechtlichen Trennung von Infrastruktur und Betrieb aufhebt? Lieferte nicht spätestens die Covid-19-Pandemie den Beweis für die Vorteile einer der Daseinsvorsorge dienenden staatlichen Bahn gegenüber einer privatisierten, die rein betriebswirtschaftlichen Zwängen unterworfen ist? Während die bundeseigene DB AG den Betrieb des Bahnfernverkehrs trotz geringer Fahrgastzahlen aufrechterhielt, stellte der private Konkurrent Flixtrain seine Verbindungen gleich zu Beginn der Pandemie komplett ein. Soll es denn im Ernstfall, sobald die Gewinnaussichten auf der Strecke bleiben, dann zeitweise keinen Zugverkehr mehr geben? Generell darf der Druck auf die Landes- und Bundespolitik nicht nachlassen, endlich einer zukunftstauglichen Schienenpolitik freie Fahrt zu gewähren. Zumindest mit den folgenden sieben Maßnahmen:

Erstens muss die Netzkapazität kurzfristig durch den Wiedereinbau von Weichen und Überholgleisen erhöht werden.

Zweitens sollen alle noch nicht erfolgten Streckensperrungen bei der »Generalsanierung« zugunsten von Arbeiten unter rollendem Rad unterbleiben und die geplanten großen Bahnhofsprojekte nach dem Desaster von *Stuttgart 21* gestrichen werden.

Drittens erhält der teils extrem vernachlässigte ländliche Raum so schnell wie möglich S-Bahn-Systeme mit neuen Schienenanbindungen, die Klein- und Mittelstädte mit dem Umland verbinden.

Viertens werden die vielen heruntergekommenen Bahnstationen im D-Zug-Tempo zu attraktiven Zugängen zur Eisenbahn hergerichtet.

Fünftens führen die Züge wieder Großgepäckwagen für den Transport von Fahrrädern, Anhängern und Koffern mit.

Sechstens wird das Nachtzugangebot im Lande und zu Zielen in anderen EU-Mitgliedstaaten deutlich ausgebaut. Fehlt noch die magische Sieben:

Siebtens erweitern Bund und Länder das Deutschlandticket zu einem bundesweit in allen öffentlichen Verkehrsmitteln geltenden fahrgastfreundlichen Preis- und Abrechnungssystem. In den Niederlanden ermöglicht bereits seit Längerem die »OV-chipkaart« den Reisenden den Orts- und Verkehrsmittelwechsel, ohne auf die lokal unterschiedlichen Tarife und Zahlungswege achten zu müssen (allerdings gibt es Limitierungen).[226] Damit wären die Zeiten der teils immensen Differenzen zwischen Standardangebot und Supersparpreisen sowie der digitalen Bahncard der DB vorbei. Das neue D-Ticket würde durch ein einheitliches Tarifsystem bestechen, das die Fahrpreise von Variablen wie Regionalverkehr, Länge der Fernreisestrecke und Wahl der Klasse abhängig macht und bei Fahrten zu verkehrsschwachen Zeiten einen Rabatt gewährt. Die kostenlose Ausgabe für junge Menschen bis zum Alter von sechzehn Jahren und auf Sozialleistungen angewiesene Bürgerinnen und Bürger sowie Rabatte für Studenten und die Über-65-Jährigen inbegriffen.

Bleibt die Hoffnung, dass die deutsche Eisenbahn den realen und potenziellen Fahrgästen neben dem möglichst in den frühen 2030er Jahren gestarteten Deutschlandtakt das Zugfahren so angenehm wie möglich gestaltet, um bei der laufenden Mobilitätswende nicht aus der Kurve zu fliegen. Was der seit 1831 in Paris lebende Dichter Heinrich Heine, für den mit der Eisenbahn »ein neuer Abschnitt in der Weltgeschichte« begann, über das gewaltige Potenzial des in Deutschland forciert ausgebauten und perfektionierten Schienenverkehrs sagen würde, lässt sich denken: »Welche Veränderungen müssen jetzt eintreten in unsrer Anschauungsweise und in unsern Vorstellungen! Sogar die Elementarbegriffe von Zeit und Raum sind schwankend geworden. [...] Ich rieche schon den Duft der deutschen Linden; vor meiner Türe brandet die Nordsee.«[227]

Anmerkungen/Nachweise

Sämtliche Links wurden im August 2024 letztmalig vor der Drucklegung noch einmal abgerufen.

1 So am Donnerstag, den 23. Oktober 1828, in: Johann Peter Eckermann: Gespräche mit Goethe in den letzten Jahren seines Lebens. Herausgegeben von Fritz Bergemann, Frankfurt M. 1981
2 Vgl. https://www.bundesfinanzministerium.de/Content/DE/Standardartikel/Themen/Bundesvermoegen/Privatisierungs_und_Beteiligungspolitik/Beteiligungspolitik/deutsche-bahn-ag.html
3 Albrecht Selge, Fliegen. Roman, © by Rowohlt, Berlin Verlag GmbH, Berlin 2019, S. 9. Abdruck mit freundlicher Genehmigung des Rowohlt Verlags.
4 https://de.statista.com/statistik/daten/studie/12127/umfrage/hoeheder-schulden-bei-der-deutschen-bahn-ag/
5 »Das nachhaltige Turnier - und die Zuverlässigkeit der Bahn«, ARD, 15.6.2024; https://www.sportschau.de/fussball/uefa-euro-2024/das-nachhaltige-turnier-und-die-zuverlaessigkeit-der-bahn,bahn-em-100.html
6 Vgl. »Mit der Bahn zur Fußball-EM«, in: SZ, 14.5.2024; https://www.sueddeutsche.de/wirtschaft/em-deutsche-bahn-zug-puenktlichkeit-schottland-deutschland-1.7251020
7 »Das nachhaltige Turnier - und die Zuverlässigkeit der Bahn«, ARD, 15.6.2024; https://www.sportschau.de/fussball/uefa-euro-2024/das-nachhaltige-turnier-und-die-zuverlaessigkeit-der-bahn,bahn-em-100.html
8 https://www.sueddeutsche.de/politik/deutsche-bahn-fussball-em-2024-deutschland-probleme-lux.FaXHAGQFzXFGzPiTi3xpUv
9 https://www.zeit.de/mobilitaet/2024-06/deutsche-bahn-em-probleme#comments
10 Vgl. die Angaben des Bundesverband SchienenNahverkehr; https://www.schienennahverkehr.de/themen-positionen/gruene-mobilitaet/
11 https://www.dbinfrago.com/web/unternehmen/ueber-uns/profil-12600170#
12 Vgl. Steffen Vogel: »Europawahl: Mit rechts gegen den Klimaschutz«, in: Blätter für deutsche und internationale Politik, 6/2024, S. 9-12; https://commission.europa.eu/strategy-and-policy/priorities-2019-2024/european-green-deal_de; https://www.bmwk.de/Redaktion/DE/Artikel/Industrie/klimaschutz-klimaschutzplan-2050.html
13 Koalitionsvertrag der Ampel, S. 38–39, online: https://www.spd.de/fileadmin/Dokumente/Koalitionsvertrag/Koalitionsvertrag_2021-2025.pdf

14 »Die Bundesregierung schätzt die Kosten für die Modernisierung des deutschen Bahn-Schienennetzes bis 2027 auf rund 88 Milliarden Euro«, so der Deutschlandfunk am 28.5.2023

15 Vgl. Vivien Timmler: »Bahn-Infrastruktur: Sie verfällt und verfällt und verfällt«, in: SZ, 9.5.2024; https://www.sueddeutsche.de/wirtschaft/bahn-infrastruktur-verfall-db-infrago-netzzustandsbericht-1.7077673; rund 16 Milliarden Euro für die Sanierung und Modernisierung des Netzes investiert die DB 2024, 2025 sollen rund 15 Milliarden fließen.

16 Vgl.: Kosten für Bahn-Digitalisierung verdoppeln sich auf 69 Milliarden Euro, in: Der Spiegel, 30/2024; https://www.spiegel.de/wirtschaft/deutsche-bahn-investitionen-in-digitales-schienennetz-bringen-erst-ab-2064-gewinne-a-0f4d39cd-e19f-4974-a1bf-fd2714efc32c; Bahn will Milliarden Euro bei Digitalisierung sparen, in: Der Spiegel 28/2024, https://www.spiegel.de/wirtschaft/unternehmen/deutsche-bahn-will-milliarden-euro-bei-digitalisierung-sparen-a-5530a649-e543-47a1-9335-1c2fce0b924d

17 Zum Moderne-Schiene-Gesetz vgl.: https://www.bundesrat.de/SharedDocs/drucksachen/2024/0001-0100/zu95-24.pdf?_blob=publicationFile&v=1

18 InfraGO-Zustandsbericht Netz und Personenbahnhöfe 2023; https://www.dbinfrago.com/web/unternehmen/zielbild-infrastruktur/InfraGO-Zustandsbericht-12636112

19 Masterplan Schienenverkehr, Berlin, Stand Juni 2020; https://bmdv.bund.de/SharedDocs/DE/Anlage/E/masterplan-schienenverkehr.pdf?_blob=publicationFile

20 Bundesverkehrswegeplan 2030, Berlin 2016; https://bmdv.bund.de/SharedDocs/DE/Publikationen/G/bundesverkehrswegeplan-2030-gesamtplan.pdf?_blob=publicationFile

21 https://bmdv.bund.de/SharedDocs/DE/Anlage/K/abschlussbericht-beschleunigungskommission-schiene.pdf?_blob=publicationFile

22 Horst Evers, Cordula Stratmann, Dietmar Wischmeyer u. a.: Und sie bewegt sich doch!: Bahngeschichten, Berlin 2023; Dietmar Bittrich: Wer später kommt, hat länger Zeit: Die Bahn als ultimative Schule des Lebens, München 2022; Maria Wiesner: »Grund dafür sind Verzögerungen im Betriebsablauf« – Wie die Bahn uns alle irre macht: Bahnfahrer erzählen, Hamburg 2019; Antje Blinda/Stephan Orth: »Sorry, wir haben uns verfahren«: Kurioses aus der Bahn, Berlin 2012

23 Mein Freund hat den Abdruck genehmigt.

24 Richtlinie 91/440/EWG; seit 2012: Richtlinie 2012/34/EU des Europäischen Parlaments und des Rates vom 21. November 2012 zur Schaffung eines einheitlichen europäischen Eisenbahnraums, https://eur-lex.europa.eu/legal-content/de/TXT/?uri=CELEX:32012L0034

25 Stefan Bennemann: Die Bahnreform. Anspruch und Wirklichkeit, Hannover 1994

26 Vgl. zu dieser Thematik ausf.: Bernhard Knieriem und Winfried Wolf: Bitte umsteigen! 20 Jahre Bahnreform, Stuttgart 2014

27 Zit. n. Lothar Gall und Manfred Pohl (Hg.): Die Eisenbahn in Deutschland. Von den Anfängen bis zur Gegenwart, München 1999, S. 469
28 Nachdem sich der Koalitionsausschuss im November 2006 auf eine Teilprivatisierung der Deutschen Bahn geeinigt hatte (ohne Netze und Bahnhöfe), wurde 2008 der Teilkonzern DB Mobility Logistics AG als hundertprozentige Tochtergesellschaft der Deutschen Bahn AG gegründet, in dem die Mobilitäts- und Logistikaktivitäten des Konzerns, die privatisiert werden sollten, gebündelt wurden. Die DB Mobility Logistics AG wurde 2016 aufgelöst.
29 https://ir.deutschebahn.com/de/start/
30 GG Artikel 87e, Abs. 3, Satz 3; https://www.bundestag.de/gg
31 Vgl. ausf.: Thomas Hammer: Die Verantwortung des Staates für die Eisenbahn. Zur verfassungsrechtlichen Herleitung einer staatlichen Sicherstellungsverantwortung und zu ihrer Normierung in Art. 87e Abs. 4 GG (Dissertation), Speyer 2019; https://dopus.uni-speyer.de/frontdoor/deliver/index/docId/4565/file/Dissertation_Hammer_Verantwortung...Eisenbahn.pdf
32 GG Artikel 87e, Abs. 4; https://www.bundestag.de/gg
33 Wissenschaftliche Dienste des Bundestages, Ausarbeitung WD 5 – 3000 – 071/19: Abgrenzung der Begriffe Schienenpersonenfern- und Schienenpersonennahverkehr sowie Zuständigkeiten für das Schienennetz, 2. August 2019; https://www.bundestag.de/resource/blob/656022/4a8ace3f18d8824c5f92b30d81a887c0/WD-5-071-19-pdf-data.pdf
34 Wissenschaftliche Dienste Bundestag, WD 5 – 3000 – 086/22: »Zur Mitfinanzierung der Bundesländer beim Bau von Schienenwegeinfrastruktur der Eisenbahnen des Bundes«; https://www.bundestag.de/resource/blob/905898/b34225412752c14147f03f02e9727aec/WD-5-086-22-pdf.pdf; Bundesschienenwegeausbaugesetz: https://www.gesetze-im-internet.de/bswag/
35 https://bmdv.bund.de/DE/Service/Gesetze/Gesetze-20/start.html
36 GG Artikel 106a; https://www.bundestag.de/gg
37 Vgl. die Angaben des Bundesverband SchienenNahverkehr; https://www.schienennahverkehr.de/
38 Vgl. Johann-Günther König: Pünktlich wie die deutsche Bahn? Eine kulturgeschichtliche Reise bis in die Gegenwart, Springe 2017, S. 84 ff.
39 Paragraph 3 Absatz 1 Nr. 1 des Allgemeinen Eisenbahngesetzes (AEG); https://www.gesetze-im-internet.de/aeg_1994/AEG.pdf; vgl. die Markterhebungen der Bundesnetzagentur; https://data.bundesnetzagentur.de/Bundesnetzagentur/SharedDocs/Downloads/DE/Sachgebiete/Eisenbahn/Unternehmen_Institutionen/Veroeffentlichungen/Marktuntersuchungen/MarktuntersuchungEisenbahnen/MarktuntersuchungEisenbahnen2023.pdf
40 Arno Luik: Schaden in der Oberleitung. Das geplante Desaster der Deutschen Bahn, Frankfurt/M. 2019, S. 382

41 Vgl. »Drei Prozent der Zugfahrten im Fernverkehr ausgefallen«, in: Weser-Kurier, 25.5.2024
42 https://www.gesetze-im-internet.de/eregg/_1.html
43 https://www.bundesnetzagentur.de/DE/Fachthemen/Eisenbahnen/Veroeffentlichungen/Marktuntersuchungen/start.html
44 Siehe https://www.eba.bund.de/DE/home_node.html
45 Allgemeines Eisenbahngesetz vom 27. Dezember 1993; https://www.gesetze-im-internet.de/bundesrecht/aeg_1994/gesamt.pdf
46 https://www.eisenbahn-unfalluntersuchung.de/BEU/DE/home_node.html
47 https://www.eisenbahn-cert.de/DE/Home/start_node.html
48 Monopolkommission: 9. Sektorgutachten Bahn, Juli 2023, S. 3; https://www.monopolkommission.de/images/PDF/SG/9sg_bahn_volltext.pdf
49 Richtlinie 91/440/EWG des Rates vom 29. Juli 1991 zur Entwicklung der Eisenbahnunternehmen der Gemeinschaft; https://eur-lex.europa.eu/DE/legal-content/summary/development-of-the-community-s-railways.html
50 Eine Strategie zur Revitalisierung der Eisenbahn in der Gemeinschaft, Brüssel 1996, S. 3; https://europa.eu/documents/comm/white_papers/pdf/com96_421_de.pdf
51 Vgl. auch die Kurzdarstellungen zum Schienenverkehrssystem in der EU vom Europäischen Parlament; https://www.europarl.europa.eu/factsheets/de/sheet/130/schienenverkehr
52 Als die Vertreter des Europäischen Parlaments und des Ministerrats 2016 eine Einigung über den politischen Teil des vierten Eisenbahnpakets erreichten, bestanden Frankreich und Deutschland auf dem Beibehalt der Holdingstruktur von SNCF und DB AG
53 Vgl.: http://ec.europa.eu/transport/modes/rail/market/market_monitoring_en.htm. Die 2011 aus der Taufe gehobene Independent Regulators Group Rail (IRG-Rail) wacht zusätzlich über die Harmonisierung des europäischen Eisenbahnmarktes und hat sich zu einem einflussreichen Gremium auf EU-Ebene entwickelt, siehe die Berichte unter: http://www.irg-rail.eu
54 https://www.era.europa.eu/agency-you/agency/vision-mission-values-tasks
55 Europäische Kommission: Factsheet Viertes Eisenbahnpaket, Brüssel, 20. April 2016
56 Siehe: https://www.eba.bund.de/DE/Themen/Eisenbahnunternehmen/eisenbahnunternehmen_node.html
57 Vgl. https://www.flixtrain.de/
58 Eurostar (hierzulande früher Thalys) bietet von Deutschland Verbindungen nach Großbritannien, Belgien, Frankreich und die Niederlande mittels Hochgeschwindigkeitszügen; https://www.eurostar.com/de-de/ueber-eurostar/unser-unternehmen
59 Michael Augustin: Immer was zu knabbern. Ausgewählte Gedichte & Miniaturen, mit 18 Collagen des Autors, Bremen 2023, S. 41, Abdruck mit freundlicher Genehmigung des Edition Temmen Verlags.

60 Ivan Illich: Fortschrittsmythen, Reinbek 1983, S. 87
61 Dragan Velikić: Bonavia, München 2014, S. 116
62 http://www.db58.de/2010/01/20/punktlich-wie-die-eisenbahn/
63 Vgl. Johann-Günther König: Pünktlich wie die deutsche Bahn? Eine kulturgeschichtliche Reise bis in die Gegenwart, Springe 2017, S. 126 ff.
64 »Beißende Kälte überzieht ganz Deutschland«, in: Weser-Kurier, 15.1.1982.
65 Zit. n. Interview mit Bahnkritiker Arno Luik: »Erst verschwindet die Bahn, dann die Post, dann die Kliniken – dann kommt die AfD«, in: FOCUS-online, 29.01.2024
66 »Sanierungsstau bei der Bahn. Politik bemängelt »desolate Sauberkeit« in Zugtoiletten«, in: Spiegel, 21.5.2024; https://www.spiegel.de/wirtschaft/deutsche-bahn-politik-bemaengelt-desolate-sauberkeit-in-zugtoiletten-a-3da07b37-2812-4c4d-8e97-d6e92da8c182; vgl. Johann-Günther König: Das große Geschäft. Eine kleine Geschichte der menschlichen Notdurft, Springe 2015
67 Siehe: https://www.deutschebahn.com/de/konzern/konzernprofil/zahlen_fakten/puenktlichkeitswerte-6878476
68 Ebd.
69 SPNV-Qualitätsbericht NRW; https://infoportal.mobil.nrw/informationservice/spnv-qualitaetsbericht.html
70 Ebd.
71 Ebd.
72 »stern exklusiv zur Bahn-Statistik 2022«; https://www.stern.de/reise/deutsche-bahn--2022-fielen-mehr-als-40-000-zuege-ersatzlos-aus-33463390.html
73 Vgl. die Jahresbilanzen der Schlichtungsstelle Reise & Verkehr e.V. für den öffentlichen Personenverkehr im Bahnsektor; https://soep-online.de/
74 Siehe Eisenbahnverkehrs-Verordnung vom 4. August 2023 (BGBl. 2023 I Nr. 208); https://www.gesetze-im-internet.de/evo_2023/BJNR0D00A0023.html
75 Ebd.
76 Paragraph 4; Fahrgastrechteverordnung VO (EU) Nr. 2021/782; https://eur-lex.europa.eu/eli/reg/2021/782/oj?locale=de
77 Ebd.
78 Laut einer Anfrage im Bundestag, vgl.: »Deutsches Schienennetz«, in: Tagesspiegel, 29.12.2018
79 Vgl. »Horlofftalbahn«, 7.4.2023; https://landbote.info/horlofftalbahn-5/
80 Netzzustandsbericht 2022 der DB InfraGO AG; https://www.dbinfrago.com/web/unternehmen/zielbild-infrastruktur/netzzustandsbericht-12636112
81 Vgl. https://www.eba.bund.de/DE/Themen/Finanzierung/LuFV/lufv_node.html
82 Covid-19-Ausnahmen: Vom 1. März 2020 bis 31. Dezember 2022 bezuschusste der Bund die Trassenentgelte im Personenverkehr in unterschiedlicher Höhe. Die des Schienengüterverkehrs erhielten noch 2024 eine Förderung

83 https://www.bundesnetzagentur.de/DE/Fachthemen/Eisenbahnen/Entgelte/start.html
84 Vgl. »Klagewelle gegen den Preisschock auf der Schiene«, Süddeutsche Zeitung, 3.5.2024
85 Ebd.
86 Ebd.; zur Problematik der Trassengebühren vgl. das Kapitel: DB InfraGO to go.
87 Thomas Ehrsam (im Auftrag von Allrail): Gutachten zum Marktmodell im Schienen-Personenfernverkehr (SPFV) mit Fokus Deutschland(-takt) unter Berücksichtigung von Open Access und Infrastrukturkosten, Uni Münster, Juni 2024
88 Vgl. Wissenschaftlicher Beirat für Verkehr: Zuverlässigkeit der Verkehrssysteme, 17.10.2017; https://www.bmvi.de/SharedDocs/DE/Anlage/Verkehr UndMobilitaet/wissenschaftlicher-beirat-gutachten-2008-3.pdf?_blob=publicationFile
89 https://www.dbinfrago.com/web/unternehmen/ueber-uns/profil-12600170#
90 Vgl. https://www.allianz-pro-schiene.de/presse/pressemitteilungen/pro-kopf-investitionen-gesunken/
91 Vgl. Verband Die Güterbahnen: »610 Mio. Euro weniger als geplant stellt die Regierung für den Neu- und Ausbau des Schienennetzes zur Verfügung«; https://die-guterbahnen.com/news/zahl-des-tages/610.000.000.html
92 Hans Joachim Ritzau: Schatten der Eisenbahngeschichte, Pürgen, 2. durchg. Aufl. 1994, S. 194
93 Bei der letzten Inspektion am Vortag des Unglücks wurde an einem Radsatz die Rundlaufabweichung von 1,1 mm festgestellt. Sie war fast doppelt so groß wie zulässig. Zudem gab es eine zu große Höhenabweichung (0,7 mm bei maximal erlaubten 0,6 mm), die ebenfalls festgestellt und protokolliert wurde. Trotzdem wurde der Radsatz entgegen den Instandsetzungsrichtlinien nicht ausgetauscht. Die in den Wochen zuvor von Zugbegleitern auf dem betroffenen Zug achtmal gemeldeten Flachstellen waren zwar im bordeigenen Diagnosesystem gespeichert, aber nicht automatisch als Sicherheitsproblem bewertet und ausgewertet worden ... Siehe: Christian Brauner/Willi Stadler (Hg.): Bewältigung größerer Schadensereignisse – Das ICE-Unglück Eschede, Villingen-Schwenningen 2002; Ewald Hüls/Hans-Jörg Oestern (Hg.): Die ICE-Katastrophe von Eschede. Erfahrungen und Lehren. Eine interdisziplinäre Analyse, Berlin 1999
94 Vgl. Allianz pro Schiene: »Verkehrsmittel im Vergleich«; https://www.allianz-pro-schiene.de/themen/verkehrssicherheit/
95 Vgl. Sicherheitsbericht 2022; https://www.eba.bund.de/SharedDocs/Downloads/DE/Allgemeines/Sicherheitsberichte/sicherheitsbericht_2022.pdf?_blob=publicationFile&v=3
96 Ebd.
97 https://www.eisenbahn-unfalluntersuchung.de/BEU/DE/DieBEU/GesetzlicheGrundlagen/gesetzlichegrundlagen_node.html

98 »Zwei Kollisionen in einer Woche: So viele Unfälle – was ist los bei der Bahn?«, SZ 19.11.2023
99 Laut BEU: »Am 03.06.2022 gegen 12:16 Uhr entgleiste der Personenzug RB-D 59458 auf der Fahrt von Garmisch-Partenkirchen nach München Hbf zwischen den Bahnhöfen Garmisch-Partenkirchen und Farchant in km 97,676. Es wurden fünf Personen tödlich, 16 Personen schwer und 62 Personen leicht verletzt. Es entstanden Sachschäden.« Siehe: https://www.eisenbahn-unfalluntersuchung.de/BEU/DE/Publikationen/Jahresberichte/jahresberichte_node.htm
100 Vgl. Eisenbahn-Bundesamt, Berichtsjahr 2022; https://www.eba.bund.de/SharedDocs/Downloads/DE/Allgemeines/Sicherheitsberichte/sicherheitsbericht_2022.pdf?_blob=publicationFile&v=3
101 Vgl. Wolfgang Fiegenbaum / Philipp Luy: Hauptbahnhof Münster (Westf): Ein neuer Bahnhof für die Stadt, Gebundene Ausgabe, Berlin 2017.
102 https://www.deutschebahn.com/de/presse/presse-regional/pr-hamburg-de/DB-im-Norden-1/Bahnhoefe-der-Deutschen-Bahn-8857582
103 Michael Schimek: »Leben nach Fahrplan«, in: Lioba Meyer/Florian Nikolaus Reiss (Hg.): Höchste Eisenbahn. 150 Jahre Zugverkehr in Oldenburg, Katalog, Museumsdorf Cloppenburg 2017, S. 160–199, hier S. 162
104 https://www.bahn.de/service/zug/db-lounge
105 Vgl. die Liste der sehenswerten Bahnhöfe der Lobby Allianz pro Schiene: https://www.allianz-pro-schiene.de/wettbewerbe/bahnhof-des-jahres/
106 Vlg. »Meilenstein für die überfällige Bahn-Sanierung«, SZ, 12.6.2024
107 Siehe z. B.: Arno Luik: Schaden in der Oberleitung: Das geplante Desaster der Deutschen Bahn, Frankfurt/M. 2019; Thomas Wüpper: Betriebsstörung: Das Chaos bei der Bahn und die überfällige Verkehrswende, Berlin 2019
108 Vgl. Roland Ostertag (Hg.): Die entzauberte Stadt. Plädoyer gegen die Selbstzerstörung, Stuttgart 2008
109 Nachdem bei Demonstrationen im Herbst 2010 die Polizei mit – später vom Verwaltungsgericht als rechtswidrig eingestuften – harten Maßnahmen vorgegangen war, gab es ein Schlichtungsverfahren, das von den Kritikern gewünschte Verbesserungen (Stuttgart 21 Plus) jedoch nicht berücksichtigte.
110 Bauherr ist die Deutsche Bahn AG. Zwar beteiligen sich die Bundesrepublik Deutschland, das Land Baden-Württemberg, der Verband Region Stuttgart, die Landeshauptstadt Stuttgart, die Flughafen Stuttgart GmbH sowie die Europäische Union an der Finanzierung. Und alle diese Partner einigten sich 2009 auf Gesamtkosten von maximal 4,5 Milliarden Euro. Im Januar 2018 überstiegen sie jedoch bereits die Acht-Milliarden-Marke. Nach Auffassung des Bundesrechnungshofes dürften die realen Kosten sogar den Betrag von zehn Milliarden Euro überschreiten, vgl. Bericht des Bundesrechnungshofes gemäß § 88 Abs. 2 BHO über die Projekte Stuttgart 21 und Neubaustrecke Wendlingen–Ulm, Oktober 2008

111 Aktionsbündnis gegen Stuttgart 21; https://kopfbahnhof-21.de. Siehe z. B. die ausführliche Stuttgart-21-Schilderung von Arno Luik: Schaden in der Oberleitung: Das geplante Desaster der Deutschen Bahn, Frankfurt/M. 2019; Annette Ohme-Reinicke: Das große Unbehagen. Die Protestbewegung gegen Stuttgart 21. Aufbruch zu neuem bürgerlichen Selbstbewusstsein?, Stuttgart 2012; Winfried Wolf: abgrundtief + bodenlos. Stuttgart 21, sein absehbares Scheitern und die Kultur des Widerstands (mit Beiträgen von Wolfgang Schorlau u. a.), Köln 2018

112 Vgl. »Deutsche Bahn muss die Milliarden an Mehrkosten alleine zahlen«, in: Handelsblatt, 7.5.2024; das Urteil: https://verwaltungsgericht-stuttgart.justiz-bw.de/pb/,Lde/20312123/?LISTPAGE=5597587

113 Da das vollständige schriftliche Urteil erst im Herbst 2024 vorliegen wird, konnte die DB AG die geplanten Rechtsmittel bei Abschluss der Arbeit an diesem Buch noch nicht einlegen. Vgl. Oliver Stenzel: »Ende des ersten Akts«, in: Kontext. Wochenzeitung, 15.5.2024

114 Laut dpa-Meldung vom 14.5.2024

115 https://regional.bahn.de/regionen/nrw/services/fahrkarten_kampagne

116 Vgl. »Land der Pendler«, in: Süddeutsche Zeitung, 3.4.2017

117 Albrecht Selge, Fliegen. Roman, © by Rowohlt, Berlin Verlag GmbH, Berlin 2019. Abdruck mit freundlicher Genehmigung des Rowohlt Verlags.

118 Ebd., S. 19 f.

119 Vgl. Jan Thies: »Umweltschutz und Deutschlandtakt – kein Anschluss?«, in: Bahn Report 06/2022, S. 19–23

120 »Design von Zügen: ›Wir sprechen nicht von Klassen‹«, in: taz, 1.5.2023

121 Vgl. die Ausstattung eines TEE: https://www.ake-eisenbahntouristik.de/ake-rheingold/

122 Vgl. Ausführungen der Lobby Pro Bahn: https://www.pro-bahn-niedersachsen.de/positionspapier/fahrradmitnahme-im-zug-boomt-pro-bahn-fordert-bessere-und-klarere-bedingungen-fuer-fahrgaeste/

123 Vgl. Ausführungen der Bahnblogstelle; https://bahnblogstelle.com/913/zuglabor-s-bahn-muenchen-oeffnet-tueren-fuer-fahrgastwuensche/

124 Siehe Blogbeiträge http://mobilitaetswen.de/die-nachtzuege-schon-wieder-das-ende-eines-zugsystems/; http://mobilitaetswen.de/nachtzuege-als-klimaschuetzer

125 https://back-on-track.eu/night-train-map/

126 Vgl. Allianz pro Schiene; https://www.allianz-pro-schiene.de/themen/infrastruktur/elektrifizierung-bahn/

127 »Ein neuer Aufbruch für Europa. Eine neue Dynamik für Deutschland. Ein neuer Zusammenhalt für unser Land. Koalitionsvertrag zwischen CDU, CSU und SPD, Berlin, 7. Februar 2018, S. 78; https://www.bpb.de/system/files/dokument_pdf/Koalitionsvertrag_2018.pdf

128 Vgl. »Bahn hinkt hinterher«, in: Weser-Kurier, 18.4.2024

129 Wilhelm Liebknecht: Karl Marx zum Gedächtnis. Ein Lebensabriß und Erinnerungen, Nürnberg 1896, S. 30 f.

130 Vgl. »Schleppende Elektrifizierung«, in: Weser-Kurier, 18.4.2024

131 Siehe ausführliche Erläuterungen http://www.wikiwand.com/de/European_Train_Control_System
132 Vgl. https://www.miniatur-wunderland.de/
133 Vgl. https://www.bundesrechnungshof.de/SharedDocs/Downloads/DE/Berichte/2023/einzelplan-2024/12-volltext.pdf?_blob=publicationFile&v=2
134 Vgl. den Artikel: Vivien Timmler (Text) und Lorenz Mehrlich (Fotos): Deutschland vs Schweiz. Der Zug ist abgefahren. Eine Zugfahrt mit zwei Männern, die es wissen müssen, in: SZ, 28.6.2024
135 https://www.deutschlandtakt.de/konzept/
136 Vgl. SMA und Partner AG: Maßnahmen des Planfalls »Deutschlandtakt«; online unter https://www.bmvi.de/SharedDocs/DE/Anlage/K/presse/sma-entwurf-massnahmen-planfall-deutschlandtakt.pdf
137 »Deutschlandtakt erst 2070 komplett umgesetzt«, ARD-Tagesschau, 2.3.2023
138 Wolfgang Hesse: Deutschland-Takt am Scheideweg, in: Eisenbahn-Revue International 1/2022, S. 50–54; https://bahn-fuer-alle.de/deutschlandtakt-am-scheideweg/
139 »16,4 Milliarden Euro für das Schienennetz«, dpa 26.4.2024
140 Vgl. https://bahnindustrie.info/de/presse/pressemitteilungen/detail/bahnindustrie-bundesregierung-spart-an-der-zukunft-der-schiene-1
141 Diesem Kapitel liegen zahlreiche Meldungen und Berichte aus mehreren deutschen Tageszeitungen zugrunde. Vgl. insbesondere: »Rekordstreik der Lokführer. Dieser Zug endet hier … Reise durch eine blockierte Republik.« Von Joshua Beer, Kerstin Bund, Björn Finke, Benedikt Peters, in: SZ, 26.1.2024
142 Vgl. WirtschaftsWoche vom 26.3.2024; https://www.wiwo.de/unternehmen/dienstleister/bahn-tarifkonflikt-weselsky-tarifabschluss-ist-ein-erfolg-fast-auf-ganzer-linie/29682648.html
143 Tagesschau, 25.7.2024, https://www.tagesschau.de/wirtschaft/deutsche-bahn-verlust-106.html; vgl. Vgl. SZ, 4.8.2024: Deutsche Bahn: »Ich schäme mich mittlerweile jeden Tag für dieses Unternehmen«, https://www.sueddeutsche.de/wirtschaft/deutsche-bahn-mitarbeiter-frust-intern-forenstellenabbau-lux.JSPr4fbTgDqNQ8ZLufVUqs
144 Erinnert sei hier an die unermüdlichen Gegenkampagnen eines Bündnisses aus Umweltverbänden, Gewerkschaften und mehreren Initiativen
145 Zuständig für das größte Bahnprojekt in der Geschichte Ägyptens ist die Tochter DB International Operations (DB IO). Für die Infrastruktur und die Fahrzeuge zeichnet ein Konsortium um Siemens Mobility verantwortlich; https://www.deutschebahn.com/de/presse/pressestart_zentrales_uebersicht/Deutsche-Bahn-uebernimmt-Betrieb-auf-neuem-Hochgeschwindigkeitsnetz-in-Aegypten-9142108
146 Squared Capital verwaltet ein Vermögen von mehr als 34 Milliarden US-Dollar. Kernziel: Mit eingesammeltem Fonds-Kapital in Projekte investieren, die Rendite abwerfen.

147 Vgl. https://www.eurailpress.de/nachrichten/unternehmen-maerkte/detail/news/deutsche-bahn-konzern-hat-521-toechter-und-beteiligungen.html
148 In: »Wie unklug ist es, DB Schenker zu verkaufen?«, Capital, 8.3.2024; https://www.capital.de/wirtschaft-politik/bahn-tochter--experte-warnt-vor-verkauf-von-db-schenker-ins-ausland-34524800.html
149 Vgl. »Umstrittener Verkauf«, in: Spiegel, 23.8.2024; https://www.spiegel.de/wirtschaft/unternehmen/gebote-fuer-bahn-tochter-schenker-sollen-bei-14-milliarden-euro-liegen-a-c1dfceeb-9718-429b-9168-a41c4338e743
150 Vgl. »Daten und Fakten 2023« unter: https://ir.deutschebahn.com/fileadmin/Deutsch/2024/DB_DuF_d_2023.pdf
151 Siehe https://ir.deutschebahn.com/de/start/
152 Vgl. »Der lange Kampf der Bahn gegen Schnee und Eis – ein Strukturproblem?«, BSZ, 6.12.2023; https://www.bayerische-staatszeitung.de/staatszeitung/leben-in-bayern/detailansicht-leben-in-bayern/artikel/der-lange-kampf-der-bahn-gegen-schnee-und-eis-ein-strukturproblem.html#topPosition
153 Philip Banse/Ulf Buermeyer: Baustellen der Nation. Was wir jetzt in Deutschland ändern müssen, Berlin 2023, S. 118 f.
154 Arno Luik: Schaden in der Oberleitung: Das geplante Desaster der Deutschen Bahn, Frankfurt/M. 2019, S. 367
155 https://ir.deutschebahn.com/de/db-konzern/strategie/unsere-strategie-starke-schiene/
156 https://www.bundesgesundheitsministerium.de/coronavirus/chronik-coronavirus
157 Vgl. Kapitel 8: Von wegen Güter auf die Schiene, in: Arno Luik: Schaden in der Oberleitung: Das geplante Desaster der Deutschen Bahn, Frankfurt/M. 2019, S.274 ff.
158 Siehe »Bei DB Cargo soll wieder über Umstrukturierung verhandelt werden«, in: Bahnblogstelle, 15.5.2024; https://bahnblogstelle.com/216377/bei-db-cargo-soll-wieder-ueber-umstrukturierung-verhandelt-werden/; vgl. Deutsche Verkehrs-Zeitung, 1.7.2024
159 Vgl. https://www.bundesrechnungshof.de/SharedDocs/Pressemitteilungen/DE/2019/ziele-bahnreform.html
160 https://www.bundesrechnungshof.de/SharedDocs/Pressemitteilungen/DE/2023/db-dauerkrise.html
161 https://www.dbinfrago.com/web/unternehmen/ueber-uns/gemeinwohlorientierung
162 Die Ziele entsprechen auch den Forderungen von SPD und der Eisenbahn- und Verkehrsgewerkschaft (EVG).
163 GG Artikel 87e, Abs. 4; https://www.bundestag.de/gg
164 https://www.dbinfrago.com/web/unternehmen/zielbild-infrastruktur
165 Vgl. »Herr Lindner darf dann aussuchen, welche Strecken wir in NRW einstellen«, in: SZ, 20.8.2024.

166 Monopolkommission: 9. Sektorgutachten Bahn, Juli 2023, S. 5; https://www.monopolkommission.de/images/PDF/SG/9sg_bahn_volltext.pdf
167 RedaktionsnetzwerkDeutschland: »Bahnbeauftragter widerspricht Dobrindt«; https://www.rnd.de/politik/deutsche-bahn-naechste-stufe-des-deutschlandtakts-kommt-202526-UHRF77ZT6JAXVFX4FDP7IZR3QE.html
168 Gastel ist der bahnpolitischer Sprecher der Grünen/Bündnis 90 im Deutschen Bundestag; https://www.matthias-gastel.de/gruene-bahnstrategie/
169 Vgl. Tagesschau, 26.1.2024 und Bundesnetzagentur: Marktuntersuchung Eisenbahnen 2023, S. 30; https://data.bundesnetzagentur.de/Bundesnetzagentur/SharedDocs/Downloads/DE/Sachgebiete/Eisenbahn/Unternehmen_Institutionen/Veroeffentlichungen/Marktuntersuchungen/MarktuntersuchungEisenbahnen/MarktuntersuchungEisenbahnen2023.pdf
170 The Williams Rail Review was established in September 2018 to look at the structure of the whole rail industry and the way passenger rail services are delivered, Stand 2021; https://www.gov.uk/government/collections/the-williams-rail-review
171 Vgl. https://gbrtt.co.uk/
172 Vgl. Bundesnetzagentur: Marktuntersuchung Eisenbahnen 2023, S. 48; https://data.bundesnetzagentur.de/Bundesnetzagentur/SharedDocs/Downloads/DE/Sachgebiete/Eisenbahn/Unternehmen_Institutionen/Veroeffentlichungen/Marktuntersuchungen/MarktuntersuchungEisenbahnen/MarktuntersuchungEisenbahnen2023.pdf
173 Das European Train Control System (ETCS) ist Teil des European Rail Traffic Management System (ERTMS) – ein Projekt der EU zur Harmonisierung des europäischen Eisenbahnverkehrs im Bereich der Zugbeeinflussung, des Zugfunks und der Verkehrssteuerung. Vgl. https://digitale-schiene-deutschland.de/de/technologien/ETCS
174 Siehe https://www.gesetze-im-internet.de/eregg/BJNR208210016.html
175 Vgl. Grüne EVGler:innen: »Die Trennungsdiskussion als Nebelkerze«, in: LokReport, 17.7.2023; https://www.lok-report.de/news/deutschland/verkehr/item/42638-gruene-evgler-innen-die-trennungsdiskussion-als-nebelkerze-ein-zwischenruf-zur-debatte-um-die-infrago.html
176 DB, April 2024; https://www.dbinfrago.com/web/schienennetz/leistungen/trassen/trassenpreise/Trassenpreissystem/marktsegmente-spnv-11161980#
177 https://www.netinera.de/
178 Vgl. Angaben der Gesellschaft: https://www.der-metronom.de/wir-bleiben/
179 Vgl. »Das Metronom-Netz wird geteilt«, in: Weser-Kurier, 4.7.2024
180 https://www.bbsr.bund.de/BBSR/DE/presse/presseinformationen/2023/pendeln-2022.html
181 Dirk Schlömer: Abellio: Pleite zeigt Folgen des Wettbewerbszwangs auf der Schiene, https://www.unsere-bahnen.at/2023/12/14/abellio-pleite-zeigt-folgen-des-wettbewerbszwangs-auf-der-schiene/
182 Siehe https://www.gesetze-im-internet.de/eregg/BJNR208210016.html

183 Vgl. »Aufwuchs der Regionalisierungsmittel« der Wiss. Dienste des Bundestages; https://www.bundestag.de/resource/blob/996246/87f4164c551cd5db7b02568922ce59a1/WD-5-021-24-pdf.pdf

184 Bundesnetzagentur: Marktuntersuchung Eisenbahnen 2023, S. 60; https://data.bundesnetzagentur.de/Bundesnetzagentur/SharedDocs/Downloads/DE/Sachgebiete/Eisenbahn/Unternehmen_Institutionen/Veroeffentlichungen/Marktuntersuchungen/MarktuntersuchungEisenbahnen/MarktuntersuchungEisenbahnen2023.pdf

185 Vgl. Ingo Schulze: Zu Gast im Westen. Aufzeichnungen aus dem Ruhrgebiet, Göttingen 2024. Die Erfahrungen des Schriftstellers in Bus und Bahn lassen nicht den Eindruck eines Aufbruchs entstehen, sie machen deutlich, dass die kommunalen Verkehrsunternehmen eine dysfunktionale Organisation repräsentieren

186 https://infoportal.mobil.nrw/organisation-finanzierung/spnv-vergaben.html

187 Vgl. https://www.benex.de/

188 Bündnis für fairen Wettbewerb im Schienenpersonenverkehr: Für einen funktionierenden Wettbewerb im SPNV. Verkehrsverträge – nachhaltig und innovativ, Juni 2019; https://mofair.de/wp-content/uploads/2019/06/190627_Fu%CC%88r-einen-funktionierenden-Wettbewerb-im-SPNV-Langfassung_final.pdf

189 Vgl. Konflikte mit dem neuen S-Bahn-Betreiber Transdev in der Region Hannover; https://www.ndz.de/lokales/springe/s-bahn-hannover-streit-um-baustellen-und-fehlende-zuege-so-reagiert-die-deutsche-bahn-2FAZIL5ERBAGVMPI565AGJ3EQI.html

190 Vgl. Dirk Schlömer: Abellio: Pleite zeigt Folgen des Wettbewerbszwangs auf der Schiene, https://www.unsere-bahnen.at/2023/12/14/abellio-pleite-zeigt-folgen-des-wettbewerbszwangs-auf-der-schiene/

191 Vgl. Dpa-Meldung vom 15.6.2024: Verkehrsminister Claus Ruhe Madsen kündigt Einsparungen an; https://www.ndr.de/nachrichten/info/Schleswig-Holstein-streicht-Bahnverbindungen,ndrinfo60964.html

192 Die Nachteile des Ausschreibungswettbewerbs im Regionalverkehr hat Bernhard Knierim 2020 in »Der Wettbewerb im Schienenpersonennahverkehr – ein Auslaufmodell?« beschrieben: http://mobilitaetswen.de/der-wettbewerb-im-schienenpersonennahverkehr-ein-auslaufmodell/

193 https://www.bundesregierung.de/breg-de/aktuelles/regionalisierungsgesetz-deutschlandticket-2161096

194 Nach Beendigung des 9-Euro-Angebots fiel die Nachfrage wieder auf das vorherige Niveau zurück. Vgl. Robert Bongaerts, Andreas Krämer, Gerd Wilger: »Das 9-Euro-Ticket: Erfahrungen, Wirkungsmechanismen und Nachfolgeangebot, Wirtschaftsdienst, 102 (11) 2022, S. 873-880; https://www.wirtschaftsdienst.eu/inhalt/jahr/2022/heft/11/beitrag/das-9-euro-ticket-erfahrungen-wirkungsmechanismen-und-nachfolgeangebot-7220.html

195 https://www.bundesregierung.de/breg-de/aktuelles/deutschland-ticket-2134074
196 Vgl. Deutschlandticket-Bilanz 2023 des Verbands Deutscher Verkehrsunternehmen: https://www.vdv.de/deutschlandticket.aspx
197 Vgl. https://www.umweltbundesamt.de/presse/pressemitteilungen/detaillierte-treibhausgas-emissionsbilanz-2022
198 Vgl. Felix Berschin / Christian Böttger: »Auswirkungen des 49-Euro-Tickets auf Verkehrsverbünde und Einnahmenaufteilung«, in: Wirtschaftsdient, H. 3, 2023, S. 186-191
199 https://www.deutschebahn.com/de/konzern/starke_schiene-6899544
200 Vgl. https://www.noz.de/lebenswelten/auto-fahrrad-bahn/artikel/bahn-sperrt-die-strecke-hamburg-berlin-deutlich-laenger-als-geplant-46165585
201 Winfried Wolf: »Generalsanierung ist Generalunsinn«, in: Kontext: Wochenzeitung, 22.03.2023; https://www.kontextwochenzeitung.de/politik/625/generalsanierung-ist-generalunsinn-8767.html
202 https://www.dbregio.de/angebot/bus
203 Vgl https://www.gesetze-im-internet.de/bswag/BSWAG.pdf
204 Vgl. »Friesenbrücke wird später fertig«, in: Weser-Kurier, 24.5.2024
205 https://die-gueterbahnen.com/news/schienenbranche-fordert-kompensation-der-baunebenkosten-waehrend-der-generalsanierung-durch-den-bund.html
206 Vgl. https://die-gueterbahnen.com/news/auf-jeden-kilometer-eisenbahnneubau-kommen-150-kilometer-neue-strassen.html
207 Vgl. https://bmdv.bund.de/SharedDocs/DE/Anlage/K/abschlussbericht-beschleunigungskommission-schiene.pdf?__blob=publicationFile
208 Die Leistungs- und Finanzierungsvereinbarung (LuFV) wird zurzeit zur Leistungsvereinbarung InfraGO (LV InfraGO) weiterentwickelt
209 Vgl. https://www.eba.bund.de/download/LuFV_III_Vertrag_und_Anlagen_Web.pdf, S. 8
210 Vgl. Demoskopie-Institut Allensbach, Herbst 2023; https://www.heise.de/news/Umfrage-Immer-weniger-Autobesitzer-koennten-auf-ihr-Auto-verzichten-9333878.html
211 Vgl. https://de.statista.com/statistik/daten/studie/168397/umfrage/modal-split-im-personenverkehr-in-deutschland/
212 Vgl. http://www.zeit.de/feature/deutsche-bevoelkerung-stadt-land-unterschiede-vorurteile
213 Siehe BMUB: Klimaschutzplan 2050, Berlin 2016: Mobilität ab S. 49; https://www.bmwk.de/Redaktion/DE/Publikationen/Industrie/klimaschutzplan-2050.html
214 https://www.umweltbundesamt.de/themen/klimaschutzplan-2050-uba-empfiehlt-bundesregierung
215 Vgl. Daten des Umweltbundesamts: https://www.umweltbundesamt.de/sites/default/files/medien/366/bilder/dateien/uba_emissionsgrafik_personenverkehr_2022_0.pdf. Informationshalber sei erwähnt,

dass das Reisen mit Zügen der DB entgegen ihrer geschickt formulierten Werbung – »alle ICE- und IC/EC-Züge fahren mit 100 Prozent Ökostrom« – keinesfalls schon fast klimaneutral ist, weil der Konzern nur so viel elektrische Energie aus erneuerbaren Quellen einkauft, wie ausschließlich der Fernverkehr verbraucht

216 Vgl. Greenpeace Österreich: https://greenpeace.at/uploads/2024/07/connectivity_analysis-factsheet.pdf
217 Vgl. Verkehrsartenvergleich des Umweltbundesamtes: https://www.umweltbundesamt.de/sites/default/files/medien/5750/publikationen/2021_fb_umweltfreundlich_mobil_bf.pdf
218 Vgl. https://www.umweltbundesamt.de/daten/verkehr/fahrleistungen-verkehrsaufwand-modal-split#personenverkehr
219 Meldung in der Tagesschau, 2.3.2023
220 https://www.bundesrechnungshof.de/SharedDocs/Pressemitteilungen/DE/2023/db-dauerkrise.html; siehe auch den Sonderbericht von 2019: https://www.bundesrechnungshof.de/SharedDocs/Pressemitteilungen/DE/2019/ziele-bahnreform.html
221 Andreas Knie: »Das Elend der Bahn hat System«, in: Klimareporter, 23.9.2023; https://www.klimareporter.de/verkehr/das-elend-der-bahn-hat-system
222 Philip Banse, Ulf Buermeyer: Baustellen der Nation. Was wir jetzt in Deutschland ändern müssen, Berlin 2023, S. 139f.
223 Arno Luik: Schaden in der Oberleitung: Das geplante Desaster der Deutschen Bahn, Frankfurt/M. 2019, S. 402
224 https://bahn-fuer-alle.de/was-wir-wollen/
225 https://bahn-fuer-alle.de/ueber-uns/
226 Siehe https://de.wikipedia.org/wiki/OV-chipkaart
227 Das schrieb Heinrich Heine am 5. Mai 1843 bei der Eröffnung von zwei Bahnlinien in Paris. Siehe Lutetia, in: Sämtliche Schriften, Fünfter Band, herausgegeben von Klaus Briegleb/Karl Heinz Stahl, 2. rev. Ausg., München 1984, S. 448 f.

Literaturhinweise

Philip Banse, Ulf Buermeyer: Baustellen der Nation. Was wir jetzt in Deutschland ändern müssen, Berlin 2023.
Jürgen Bauer: Die Fahrkarten bitte. Betriebsrat bei der Bahn – das letzte große Abenteuer, Bremen 2012.
Dietmar Bittrich: Wer später kommt, hat länger Zeit: Die Bahn als ultimative Schule des Lebens, München 2022.
Karl-Dieter Bodack: InterRegio. Die abenteuerliche Geschichte eines beliebten Zugsystems, Eisenbahn-Kurier, Freiburg 2005.
Peter Borscheid: Das Tempo-Virus. Eine Kulturgeschichte der Beschleunigung, Frankfurt/M./New York 2004.
Bundesministerium für Verkehr und digitale Infrastruktur (Hg.): Verkehr in Zahlen 2023/2024, Flensburg 2024.
Christian Esser, Astrid Randerath: Schwarzbuch Deutsche Bahn. Mit Karikaturen von Klaus Stuttmann, München 2010.
Horst Evers, Cordula Stratmann, Dietmar Wischmeyer u. a.: Und sie bewegt sich doch! Bahngeschichten, Berlin 2023.
Jahrbuch Ökologie. Herausgegeben von Heike Leitschuh, Gert Michelsen, Udo E. Simonis, Jörg Sommer und Ernst U. von Weizsäcker, Stuttgart ab 2010; www.jahrbuch-oekologie.de
Bernard Knierim, Winfried Wolf: Abgefahren. Warum wir eine neue Bahnpolitik brauchen, Köln 2019.
Bernard Knierim, Winfried Wolf: Bitte umsteigen! 20 Jahre Bahnreform, Stuttgart 2014.
Johann-Günther König: Pünktlich wie die Deutsche Bahn. Eine kulturgeschichtliche Reise bis in die Gegenwart, Springe 2017.
Ders.: Die Autokrise, Springe 2009.
Liz Künzli (Hg.): Bahnhöfe. Ein literarischer Führer, Frankfurt/M. 2007.
Arno Luik: Schaden in der Oberleitung: Das geplante Desaster der Deutschen Bahn, Frankfurt/M. 2019.
Uwe Miethe: Deutschlands Eisenbahnen. Strecken, Züge, Landschaften, München 2016.
Frank Miram und Mathias Schmoeckel (Hg.) in Zus.-Arb. m. Andrea Berndt u. Roman Michalczyk: Eisenbahn zwischen Staat und Markt in Vergangenheit und Gegenwart, Tübingen 2015.
Heiner Monheim, Klaus Nagorni (Hg.): Die Zukunft der Bahn: Zwischen Bürgernähe und Börsengang, Evangelische Akademie Baden, Karlsruhe 2004.
Roland Ostertag (Hg.): Stuttgart 21: Das Milliardengrab. Die entzauberte Stadt. Plädoyer gegen die Selbstzerstörung, Stuttgart 2008.
Erich Preuß: Chronik Deutsche Bahn AG. 1994 bis heute, Stuttgart 2013.

Ders.: Bahn im Umbruch: Tatsachen – Hintergründe – Konsequenzen, Stuttgart 2004.

Ders.: Die zerrissene Bahn: 1990–2000. Tatsachen, Legenden, Hintergründe, Stuttgart 2001.

Hans-Joachim Ritzau et al.: Die Bahnreform – eine kritische Sichtung, Pürgen 2003.

Robert Schönduwe: Mobilitätsbiografien hochmobiler Menschen, Heidelberg 2017.

SPD-Bundestagsfraktion: Ein Impulspapier für einen »Schienenpakt 2030«, Berlin o. D. (2016).

Mark Spörrle: Gebrauchsanweisung für die Deutsche Bahn, München/Berlin 2016.

Claus J. Tully, Dirk Baier: Mobiler Alltag. Mobilität zwischen Option und Zwang – Vom Zusammenspiel biographischer Motive und sozialer Vorgaben, Wiesbaden 2006.

Werner Walz: Deutschlands Eisenbahn 1835–1985, Stuttgart 1985.

Maria Wiesner: »Grund dafür sind Verzögerungen im Betriebsablauf« – Wie die Bahn uns alle irre macht: Bahnfahrer erzählen, Hamburg 2019.

Winfried Wolf: Verkehr. Umwelt. Klima. Die Globalisierung des Tempowahns, Wien 2007.

Ders.: abgrundtief + bodenlos. Stuttgart 21, sein absehbares Scheitern und die Kultur des Widerstands (mit Beiträgen von Wolfgang Schorlau u. a.), Köln 2018.

Thomas Wüpper: Betriebsstörung: Das Chaos bei der Bahn und die überfällige Verkehrswende, Berlin 2019.

Juliane Zimmermann: Der Teufel steckt im ICE. Die abgefahrensten Erlebnisse einer Zugbegleiterin, Köln 2014.

Johann-Günther König, geboren 1952, verfasst als freier Autor Publikationen zu kulturhistorischen wie politökonomischen Fragestellungen und Themen rund um die Mobilität des Menschen. Bei zu Klampen sind von ihm »Die Autokrise« (2009), »Das große Geschäft. Eine kleine Geschichte der menschlichen Notdurft« (2015), »Pünktlich wie die deutsche Bahn?« (2018) und »Anschluss verpasst!« (2024) erschienen.

Johann-Günther König

Pünktlich wie die deutsche Bahn?

Eine kulturgeschichtliche Reise bis in die Gegenwart

Hardcover, 224 Seiten,
ISBN 978-3-86674-576-6
Auch als E-Book erhältlich

Ab 1835 entwickelte sich die Eisenbahn in Deutschland zu einem unverzichtbaren Verkehrsmittel. Sie blieb es bis zu Beginn der 1960er Jahre, als die Massenmotorisierung die »gute alte Zeit« der Eisenbahn beendete. Ihr Anteil im Personenverkehr ist seitdem auf nicht einmal ein Zehntel geschrumpft. Inzwischen konkurriert sie zudem mehr schlecht als recht mit Billigfliegern und Fernbussen und kann mangels politischer Weichenstellungen ihre System- und Umweltvorteile nicht ausspielen.
Johann-Günther König erzählt die Geschichte der zunehmend krisenhaften Beziehung von Mensch, Politik und Eisenbahn. Dabei ist Kritik an der Bahn nicht erst ein heutiges Phänomen. Bereits 1836 hieß es etwa: »Der Tritt zum Wagen ist zu hoch, um auf und ab zu gehen.« Gegenwärtig sind es nicht nur Verspätungen, Zugausfälle und Betriebsstörungen aller Art, die den Ruf des Marktführers Deutsche Bahn schädigen. König zeigt die Probleme und Möglichkeiten des immer komplexeren Eisenbahngeschehens auf und fragt, wie und inwieweit überhaupt noch die Weichen für einen Neuanfang gestellt werden können.

»**Das deutsche Bahnsystem ist marode und wird von der Politik seit Jahrzehnten vernachlässigt. Wie das kam und wohin das führt, zeigt Johann-Günther König überzeugend.«**
FAZ

zu **Klampen!**

Johann-Günther König

Das große Geschäft

Eine kleine Geschichte der menschlichen Notdurft

Paperback, 254 Seiten,
ISBN 978-3-86674-824-8
Auch als E-Book erhältlich

Der menschliche Umgang mit der Notdurft hat eine Geschichte. Er spiegelt die kulturellen, sozialen und wirtschaftlichen Entwicklungsschritte von Gesellschaften. Um sie nachvollziehen zu können, reicht es nicht, nur die Entwicklung des Ortes der Notwendigkeit an sich sowie die damit verbundenen festen und mobilen Erzeugnisse unter die Lupe zu nehmen.
Auf Grundlage von schriftlich überlieferten Schilderungen und persönlichen Berichten erhellt Johann-Günther König, wie sich die abendländischen Toilettengewohnheiten zu dem entwickelt haben, was sie heute sind.

»Launiger Titel und gut recherchiert.«
Weser-Kurier

zu **Klampen!**

Matthias Roth

Der Hauptstadtflughafen

Politik und Missmanagement
Ein Insider berichtet

Hardcover, 176 Seiten,
ISBN 978-3-86674-228-4
Auch als E-Book erhältlich

Ganz Deutschland fragt sich, wie es beim neuen Hauptstadtflughafen BER zu den unzähligen technischen Problemen, eklatanten Planungs- und Baufehlern, ständig steigenden Kosten sowie immer wieder verschobenen Eröffnungsterminen kommen konnte. Matthias Roth hat achtzehn Monate lang als Mitarbeiter der Betreibergesellschaft erlebt, welche fatalen Folgen das Zusammenspiel von politischen Vorgaben, ineffizienter Organisation und mangelnder Führung haben kann.
Seine literarisch erzählten Erlebnisse lehren mehr über das Scheitern von Großprojekten als manch wissenschaftliche Analyse. Er schreibt von Zuständen, Umständen und Widerständen, die ganze Abteilungen in die Zwangsjacke stecken: Arbeit in der Gummizelle.

»Dieses Buch ist unglaublich.«
Niedersächsische Wirtschaft

zu **Klampen!**